JN318939

小学館文庫プレジデントセレクト

女子高生サヤカが学んだ「1万人に1人」の勉強法

知的すぎる無期懲役囚から教わった、99.99%の人がやらない成功法則

美達大和&
山村サヤカ、ヒロキ

小学館

はじめに

私はなぜ、無期懲役囚と文通をはじめたのか――友美

普通の主婦が、人を殺めて服役中の無期懲役囚と文通をする。しかも、高校生の娘や中学生の息子にも文通を勧めて、その無期懲役囚から勉強方法を教わる――。一般には考えられないことを、私たちは四年以上も続けています。今では、主人も含めて家族みんなが、刑務所からの手紙を楽しみに待つようになりました。その無期懲役囚の方は、美達大和さんといいます。既に八冊の著書を世に出しているので、名前を知っている人もいるのではないでしょうか。

きっかけは私が『人を殺すとはどういうことか』（新潮文庫）を読んだことです。そのときに受けた衝撃をどう表したらいいのかわかりません。ただ、美達さんには、一本筋が通ったものがあるんじゃないかと感じました。少なくとも、お金欲しさとか女性絡みの怨恨からの犯罪じゃない。言ってみれば、自分の主義主張を通すための行為

です。

もちろん、だからといって、殺人が許されるものではありません。美達さんも現在では、「あまりにも自分の信念や考えに囚われて、悪いことをしてしまった」と真摯に反省しています。彼は、自分への罰として、刑務所から一生出ないと決めています。殺人の無期懲役囚でも何十年か経てば、仮釈放の道があるにもかかわらずです。

先の本や新聞記事などを読むと、美達さんが子供の頃に「ＩＱ一五〇の天才児」と言われていたことや、強烈な個性を持った父親に独特の育てられ方をされたことがわかります。超優等生でありながら、ケンカは三〇〇戦以上して同じ中学生には無敗で、年上の不良たちからも一目置かれる存在でした。社会に出てからは、学習教材の営業で年収八〇〇〇万円を稼いでいた辣腕営業マンだったようです。

彼は今でも「自分の持っている力を使い切らないのは自分への裏切りだ」「自分が決めたことは自分との約束だから、絶対にやり切る」という信念を持ち続けています。刑務所では、自分の自由になる時間は午後五時から九時までしかありませんが、その短い時間に月一〇〇〜二〇〇冊の本や雑誌を読み、本の原稿を書いているそうです。その一分一秒も無駄にしない生き方には、頭が下がります。

私は美達さんのことを知るまえに、『ライファーズ』というドキュメント映画を見ていました。ライファーズとは、終身刑受刑者のことです。この映画では、米国カリフォルニア州のドノバン刑務所で行われている更生プログラム「アミティ」が取り上げられています。ドノバン刑務所は「アミティ」によって、他の刑務所に比べて再犯率が三分の一になったそうです。

そのことを美達さんに伝えたい。できれば、美達さんに「アミティ」のような更生プログラムを推進してもらいたい。なぜならば、「アミティ」では服役経験者が大きな役目を果たしていたからです。私は勝手に、美達さんならば、その役割ができると思い込みました。そして、居ても立ってもいられず、出版社に手紙を出したのです。その手紙は、出版社から弁護士の先生に回され、美達さんのところに届きました。内容は次のようなものです。

美達大和様

突然のお便りでごめんなさい。私は二人の子供の母親で、今年五三歳になるものです。『人を殺すとはどういうことか』を読ませていただき、そのままにすることができずに筆を取りました。

美達さんは、『ライファーズ』はご存じですか？　私はこのドキュメンタリーを見て、とても意味があることだと思いました。アメリカのカリフォルニア州の刑務所内で「更生」に力を注ぐ元受刑者たちが、本当に素晴らしい活動をしているのです。同じ傷を持つ元受刑者の方たちが運営する更生のためのワークショップに参加することによって、この刑務所では再犯率がずっと低くなるのです。

日本に同じような更生プログラムができたらいいなあと思いました。美達さんでしたら、きっとそれができる方だと思ってお便りさせていただきました。

この手紙には、ほかにも「死刑には反対」というような私の考えを述べてあります。

美達さんの返信は、弁護士の先生を経由して送られてきました。文面からも、その真摯さが伝わってきます。

山村友美様

お手紙ありがとうございました。

私は一〇代の頃より「自分にしかなり得ないなにものかになる為に生まれてきた」というロマン・ロランの言葉を胸に生きてきましたが、その思いは一層強くなっています。

アミティのような更生システムを作れるようにいろいろと考えているところです。自分が努力も反省もせず、流されて暮らすということは、己に対する背信だと思いますが、一人でも多くの者が今の獣の暮らしから脱出できるサポートができれば幸いです。ただ、受刑者というのは本当に心が腐っている輩ですので、簡単ではありません。

私自身、ここに入るまでは真っ直ぐ、正直に生きていると自負していましたが、方向を誤ってしまいました。自分を映す鏡が曇っていたのです。今はその曇りを拭き取るべく、正しく誠実でありたい、信念を貫きたいと考えています。

　こうして、美達さんとの文通は、はじまりました。次第に、私は家のこと、家族のこと、子供が通う学校のこと、友人のことなども、手紙にしたためるようになりました。その度に、美達さんは親身になって、愛情あふれる返事をくれます。

　娘が本好きとわかると、娘向きのたくさんの本を送ってくれるようになりました。息子が文章を読むのが嫌いで、私が大きな文字で手紙を書いてくれるように頼むと、それまでの三倍くらいの大きな文字で返事をくれます。そして、息子が興味を持ちそうな本も送ってくれました。息子は「なぜ、僕がおもしろいと思う本がわかるんだろう」と不思議がっています。また、私が、刑務所ではどのような服装で過ごしているのかとたずねたら、実際の衣類を送ってくれたこともありました。

　最初は、美達さんの手紙を家族で読んでは、驚いたり、感心したりしていました。いつしか、私たち家族は、美達さんのことを「みたっちゃん」と呼ぶようになり、かなり身近な存在と感じるまでになったのです。家族の間に自然と「みたっちゃんに聞いてみよう」という会話が増えてきました。

半年経った頃、当時高校一年だった娘が、はじめてみたっちゃんに手紙を出しました。みたっちゃんからは、懇切丁寧な返事をいただきました。

息子はさらに半年くらい経って、手紙を書きはじめます。中学生だった息子の場合、手紙というよりはメモと言ったほうがいいかもしれません。それくらい短いものでした。内容も「ケガの治し方」「目をよくする方法」さらには「ケンカの仕方」と、野生児そのままのものでした。これにも、みたっちゃんは愛情タップリの返事をくださいました。

美達さんは、人をやる気にさせるのが、とても上手です。手紙を読むだけで、子供たちは目を輝かせ、前向きな気持ちになりました。なぜか、みたっちゃんに言われると、不可能な課題でも挑戦する気持ちになり、しかもできそうに思えるようです。

実際、息子はそれまでクラブ活動ばかりで、机に向かったことがなかったのですが、高校受験を前にしてガラリと変わりました。みたっちゃんの励ましを受けて、実力よりワンランク上の地域ナンバーワン高校を受験しようと決めたのです。具体的な勉強方法もみたっちゃんから教わり、息子は無事、その志望校に合格できました。

娘はもともとコツコツ努力するタイプです。今は大学受験のためにがんばっています。以前から助産師になりたいという希望があったのですが、自然分娩の現場に立ち会い、産婦人科医になりたいと強く思うようになりました。

ただ、娘は文系コースに在籍しており、高校の先生からも「医学部受験は無理」と言われました。その時、娘が涙目になったことが忘れられません。しかし、みたっちゃんは「医学部に合格した姿が見える」と娘を励ましてくれました。娘もあきらめずに、医学部合格を目指しています。ときどき「失敗して、みたっちゃんの期待を裏切ることになったら、どうしよう」と心配しながらですが。

美達さんは気の持ち方や勉強方法などを手紙で送ってくれました。ところが、施設では手紙は「便箋七枚まで」と制約があります。月に出せる回数も制限されています。そこで、普段の手紙で書いてくれたことの総集編というべきものに、さらに増補した形で、『やるぞノート』というB４判三〇枚の冊子を作って、送ってくれたのです。この『やるぞノート』は、「なぜ勉強をするのか？」という項目から始まっています。

「勉強を好きだーっ」と言う人は少ないでしょう。でも、「やるしかない！　学生の仕事は勉強だ！」と思ってください。勉強という一つの行為、取り組みを通して、自分を鍛えるということを考えましょう。学生から大人になっても、全て（人生の全ての時間）が己の好きなことばかり、楽なことばかりということはありません。「いやだなー」「やりたくないな」、こんなことに、平然と取り組める、続けられるようになる精神力を養うのが、目的だと思ってください。もし、自分の希望や夢（いくつになっても持てるのです）に対して、へこたれず、愚痴らず、とにかくやり続ける精神力を手に入れたら、人生なんて自分の思うようになります。「とにかく、続ける」。これは最高の財産です。

私はこれを読んで、ハッとしました。今の世の中、勉強するのは、いい学校に入るため、いい会社に入るため、そう思っている人が多いのではないでしょうか。これでは、子供の本当のモチベーションにはなりません。いい学校、いい会社に入ったら、努力することをやめてしまうでしょう。美達さんの言うとおり「亀の歩みでも、休まず、サボらず、楽をしようと思わず取り組む習慣を身につけること」が、子供たちのこれからの人生に大切だと思いました。

この『やるぞノート』を、お母さん仲間や学校の先生に見せたところ、「素晴らしい」「こんなことを教えてもらいたかった」「うちの子供にも読ませたい」などの声をいただきました。もちろん、無期懲役囚が書いたということで、二の足を踏む人もいます。

私は、それを残念に思いますが、世間から見れば当たり前のことでしょう。
ただ、私は、美達さんが子供たちに教えてくれたことを世の中の人に知ってもらいたいと考えました。実際に、自分の子供が前向きに人生を歩み始めたからです。美達さんと娘、息子との文通には、この『やるぞノート』のエッセンスがつまっています。文通をまとめたこの本によって、読者の方々や皆様のお子さんたちが、やる気を持って日々を送られるようになれれば、とてもうれしく思います。

山村友美

目次

美：美達　サ：サヤカ　ヒ：ヒロキ

第2章 頭のよさとは、何だろう？ …… 47

第3章 死刑でも構わないと思いました。……97

第1章

みたっちゃんとサヤカの手紙

人が美しく、羽化するために。

人間には数多の能力や可能性が
眠っているといわれますね。
これは真実です。
努力もしないで、
はじめから「どうせダメだ」と思う人の
能力や可能性は眠ったままで
一生を終えることになります。

12月12日　サヤカより

1「イジメにあって、自信をなくしました。」

山村友美の娘のサヤカです。高校一年の少し変わった一六歳です。両親が変わっているので、子供の私も変わっているのです。

私は柄にもなく乙女座です。乙女座は、自分に自信がないそうです。私も、ものすごーく自信がないのです。中学二年のときにイジメにあって、そのとき、今までにないくらいの打撃を受けて、たぶんそれから、以前よりも自信がなくなった気がします。

私は本が好きです。保育園に通っているとき、字も読めないくせに、絵本の世界にひたっていました。小学校のときも、毎日のように図書館に通いました。休み時間も、昼休みも読書に使っていました。中学校では、一週間に一回、読書の時間があり、とても楽しみにしていました。私が通う高校は進学校なのですが、高校になってからは読書の時間が取れていません。残念なことです。

寒いでしょうから、体にはお気をつけください。

2「必ず変われます。私が保証します。」

サヤカさんからのお便りをいただき、喜んでいます。今の女の子なのに丸文字ではなく、丁寧な字で意外でした。友美さんの教育、はたまたサヤカさんの賢さからでしょうか。「両親が変わっているので、子供の私も変わっているのです」という記述には、思わず笑ってしまいました。人間は変わっているほうが、おもしろい人生を歩めると思います。

中学二年のときの経験は辛かったでしょうね。相手の心がわからない人、他者の悪口しか言わない人、自分の意見・意志を持たずに迎合する人、そんな人とは無理に付き合わなくてもいいのです。そのような人たちをおもしろがってください。どうしてこんな人になったのだろう？　何でそんな考え方をするのだろう？　と。仲間ハズレになっても、居場所なんか気にせず、自分の好きなところにいればいいのです。中学二年のときから時間も経っていますから、「自信がない」というのは誰のせいでもなく、自分一人でそう思い込んでいるだけのことです。済んだことに囚われて、自分の世界を暗く狭いものにしてはいけません。

　私もここ（刑務所）で、工場中（刑務所の中に工場があるのです）のヤクザを敵にして、仲間ハズレにされたことが何度もあります。彼らは一人では向かってこられないので、徒党を組んでヤクザ以外の人にも「美達と話をするな」と命じていますが、誰ひとり、面と向かってそれを私に言う人はいませんでした。私自身は、彼らが肉体的にも精神的にも弱いことを知っていますので、いつも好きなところで暮らしていました。**自分の大切な時間を無駄に使ったり、くだらない話をしたりしたくないので、助かったと思ったくらいです。サヤカさんも、無理をしてまで人と付き合うことはありません。**

　サヤカさんがいろいろなことを知ったり、考えたりするなかで、心の通じる人が現れるでしょう。「友達を作りたい」と思って待っていても、なかなかできるものではありません。無理に作るものではなく、自然な流れでできるときが来るのです。最近の子供や学生のことは、メディアでしか知りませんが、ＳＮＳやメールなど、表層だけのつながりが多いのではないかと感じます。「表層的な友達なら、いないほうが自分の貴重な時間を奪われなくていい」と私は思うのですが、そうもいかないようですね。

　サヤカさん、友達とは、性質によってはいないほうがいいということも知ってください。**考えてほしいのは、主体性を持つということです。他者に振り回されないようにしてください。自分の我を通すという意味ではありません。協力するときは協力し、周りの人と時間を共有することがあっても、流されずに自分の気持ちを大切にすることです。「和して同ぜず」という言葉があります。サヤカさんには、サヤカさんの個性があり、時間があります。**

自分に自信がないとのことですが、世の中では自信を持っているという人のほうが圧倒的に少ないのです。若いときはなおのこと、「根拠のある自信」を持つ人は稀ではないでしょうか。**私も乙女座ですが、大変な自信家です。理由は「やると決めたら何があってもやり抜く」からです。「できるかな」ではなく、「やり抜く」という考え方と行動を心掛けています。**

人間に大切なことは、頭のよさではなく、やり抜く、イヤなことでも決めたら続ける意志の強さです。これが重なると「根拠のある自信」になります。はじめから自信のある人はいませんし、できない理由や言いわけばかり考えていては、いつまで経っても変わりません。自信というものを、これから努力で身につけてください。いくらでもできることです。小さなことを重ねていく、そんなイメージを持ってください。

必ず変われることを、私が保証します。

自信とは、何かをやり抜いたとき、やり遂げたときにできてくるものです。この先、そのような機会はいくらでも出てきます。世の中の多くのことは、ときが過ぎてしまったあと、「あんなことがあったなあ」と思えるようになります。明日からすぐに「自信を持って」とは言いませんが、毎日の暮らしの中で必要以上に怖がることも、不安になることもないと知ってください。

本が好きとのこと、私もそうです。小さい頃、「絵本を読んで」とうるさかったので、母は文字を教えて、私が自分で読めるようにしてくれました。三歳のときです。以来、父に「目を悪くするから読むな」と叱られても、読み続けていました。本は自分の世界や選択肢を広げてくれます。人は一つの人生しか歩けません。一つを選ぶということは、ほかを捨てることです。しかし、ほかのことを教えてくれ、ヒントを与えてくれるのが本です。良書との出合いは、大きな感動や意欲をもたらし、人生を変えることすらあります。

ただ外見だけ飾って内容のない人より、教養のある人のほうが実りある人生になりますし、付き合う相手もいい人に会えます。大人になる過程で、あるいは大人になっ

て気づいたことですが、付き合う人間というのは、本当に人生に深い影響を与えるものです。一定の知性や教養を備えることは、人として重要であり、付き合う人を決める要素にもなります。サヤカさんの年代では、未知のことに対する吸収力が強く、蓄えたものが大人になってからの人生を決める大きな要素になるのです。**サヤカさんからすれば、大抵の大人は多くのことを吸収し、知っていそうに映るかもしれませんが、決してそうではありません。年齢だけは成人していても、中身のない人が多いのです。**物事を考え、判断する際の基準や選択肢を増やすために、これからも本を読んでください。

時間がないとのことですが、時間を作る工夫をしてください。まとまった時間が取れなくても、少しの時間を上手に使えるようになってください。若いときの読書は貴重な時間であり、経験であり、一生の糧となるのです。

新しい年のはじまりですね。今年は、あなたにとって、よき本との出合いがありますように。

1月19日　サヤカより

3「きっと偏差値二〇台です……。」

あけましておめでとうございます。あいさつがおそくなって、ごめんなさい。

私は非常に数学というものが苦手です。数学が好きという人は、ちゃんと解答できたときに達成感があるといいますが、私の場合、解けるということがほとんどありません。数学の先生が言うには、「できない→嫌い」のサイクルは悪循環だそうです。

私は、その典型のように思われます。数学は、答えが一つだけというのが嫌いです。

最近は良くて四〇点台（一〇〇点満点で！）。ひどいときは、偏差値がグラフから消えました（きっと二〇台です……）。


美達さん、どうしたら、数学が解けるようになりますか？

2月12日　美達より

4「苦手なことは、初歩に戻りましょう。」

数学が苦手だそうですね。ダルマ状態（手も足も出ない）でしょうか。少し手足が出ると、「カエルになる直前のオタマジャクシ」と私は言っています。

数学四〇点台とのこと、いいじゃないですか。私は、自分で言うのもおかしいのですが、優等生でした。中学校でも高校でも、試験ではいつも学年一番で、五教科五〇〇点満点で満点もあります。家では勉強をしませんでした。かなり変わった父から「勉強は学校でするものだ、家ではするな」ときつく言われていましたので。試験はゲームです。とくに数学は公式と解法さえマスターすれば、これほど安心して答えを導ける教科はありませんでした。

でも、「キライ！」なものは「キライ！」。それはわかります。ここはあえて、試験のためではなく、「己のいやなことを克服する試練だ」と考えてみませんか。苦手な理由の多くは「初歩のつまずき」です。思い切って、中一の問題からやりましょう。「時間がない！」と思うでしょうが、高一なら十分に間に合いますよ。簡単に言うと、できないところを探して、問題集を使って解くだけです。

先生の言う通り、「できない→嫌い」のサイクルになっていますが、これは毛嫌いしないで初歩まで戻って、簡単な問題を解き続けることで絶対に解消できます。焦って「時間がない」と言いわけをし、初歩に戻ることをしないとしたら、おそらく永久にサヤカさんは数学を克服できないでしょう。はじめに戻って「解けることが楽しい」、あるいは楽しくなくても「なんだ、この程度か」と思うことがとても大切なのです。**勉強でも仕事でも何でもそうですが、初歩に戻り、やさしい課題、問題を解いて、どんどん進んでいくのがコツです。**

急がば回れ、です。**地道に続けていると、ある日、急にパーッとわかるとき、成長したなと感じるときが来ます。続ければ、結果はついてきます。**自分が数学と悪戦苦闘するプロセスを、他人の目になって、おもしろがってみませんか。自分が苦手にしていることは、自分を鍛えてくれます。自分が嫌いなものとどのように付き合うか、自分を観察してみてはどうですか。苦手なことと取り組む自分を楽しむのです。

まだまだ、時間は十分にあるはずです。**問題を解き続けてください。続けなくては、いけませんよ。ごく一部の天才をのぞいて、そうした地味な努力をした人だけが、物**

事を成し遂げているのです（これ、世の中の真理です！）。振り返ったとき「ああ、数学が苦手だったんだよなあ」と笑える日が来ますから、今努力してください。成績や偏差値は、悪いほど伸びます。まずは（手足の生えた）オタマジャクシを目指しましょう！

追伸、乙女座とのことでしたが、誕生日はいつですか。

2月20日　サヤカより

5 「勉強は何のためにするのですか？」

みたっちゃん（母がそう呼んでいるので、そう呼ばせてください）、先日の手紙、ありがとうございます。

すぐにできるようにはならないでしょうが、がんばってみようと思って、この何週間か勉強していたのです。その結果、なんと数学六九点！が取れました。一六年間生きてきて一番勉強しました。数学の偏差値が四二・九になりました。まだひどいですね。やってすぐ効果が出ないと思いますが、なんとかやっていきます。

先日、学校の先生が、数学は軍事機密や暗号などでも多く使われていると言っていました。日本もそうなのでしょうか？　日本の数学のレベルは高いのですか？

誕生日の件ですが、私は八月三〇日生まれです。予定日はもっと早くて、なかなか生まれないので、父方の祖父もどうしたんだと心配していたそうです。

性格はおっとり、のんびりしています。みたっちゃん、ときどき（いつも？）思うのですが、勉強は何のためにするのでしょうか？　私は学生ですが、勉強が好きとは言えませんし、何の役に立つのだろうかと、そんなことを考えてしまうときがあります。大人になれば、勉強しなくてもいいのですよね。

みたっちゃんが学生のときはどうでしたか？　またお便りします。

追伸、縄跳びの後ろ二重跳びができるようになりました。

6「成功の秘訣は、地味なことです。」

3月10日　美達改め、みたっちゃんより

数学六九点、おめでとう！　パチパチパチパチパチ！　一六年間生きてきて一番勉強したとありますが、今のうちにいっぱい勉強してください。今の年代の勉強が生きてくるのです。どうか一〇代のときを大切に。

基礎さえしっかり固めて、応用できるようになれば、点も偏差値も一気に上がります。人間の成長は右肩上がりと考えがちですが、あるレベルからフラットになります。このときにあきらめる人が大半です。しかし、ここで熱意を失うことなく続けると、ある日、力が伸びます。勉強もスポーツも仕事も同じです。**伸び悩んだときに「今に見てろ」と頑張ると、ある日いきなりグンと伸びる瞬間が訪れます。この事実を胸に刻んでください。あきらめずに正しいやり方を続ければ、絶対に伸びる日が来るのです。あきらめる人というのは「伸び悩み」の状態に耐えられなくなり、気持ちも落ち込みます。むしろ「伸び悩み」の状態を楽しんでください。そのあとには、必ず「グンと伸びる瞬間」があるからです。喜びの瞬間を待ってください。**

さて、軍が機密や暗号で数学を使うというのは本当です。かなり昔からのことでした。そもそもコンピューターも数式によりコード化されています。先の戦争（大東亜戦争）では日本の暗号はアメリカやイギリスに筒抜けでした。暗号を解読した人の中に現在のコンピューターのベースを作ったアラン・チューリング（イギリス）もいました。対する日本は軍人の頭がカタくて、暗号や情報を軽視して東大（当時の帝国大学）の数学者に研究させはじめたとき、既に戦争末期でした。

日本の数学者は優秀です。数学においてのノーベル賞をフィールズ賞と称しますが、日本人の受賞者も少なくありません。江戸時代であれば、関孝和という天才がいて、欧米の数学に負けていません。昔の学生のレベルも今よりは高いものでした。カリキュラムの多さと、それを当然のようにこなす学生がいたのです。それこそドイツ語・フランス語の原書を読んだり、ゲーテなどの詩をドイツ語で楽々とそらんじたりしました。それが今の一七、一八歳にあたる人たちでした。

誕生日が八月三〇日ということですが、それはキャメロン・ディアス（一九七二年）と同じですね。しっかり覚えておきます。私も出産予定日を過ぎても一向に生まれる気配がなく危険（母体が）ということで帝王切開による出産でした。医者は母体のことを考えて、子供（私）をあきらめてくださいと言ったのですが、暴力の権化である亡父が脅して私が生まれました。

サヤカさん、おっとりしているとのことですが、人はおっとりしているほうがいいのです。私は自分がもっとおっとり、のんびりしていたらと思うときがあります。それがないために自分にストレスを与えたり、不快な思いを作り出したりしています。おっとりした性格を大事にしてください。私からすれば、うらやましいですよ。

さて、何のために勉強するのかという質問ですが、「学生だからするのだ」というのでは答えになりませんね。「学校の勉強なんか役に立つのかなあ」と思っているサヤカさん、ちゃんと役に立ちます。それもサヤカさんが思っているより遥かに役に立ちます、と言ったら驚くでしょうね。勉強を「ああ、いやだなあ、やりたくないなあ」と感じる人がほとんどだと思います。しかし、サヤカさんは勉強しなくてはなりません。

大切なことは「勉強をする」という取り組みを通して「自分を鍛える」ということだと私は考えています。社会に出ると、多くの課題や問題に遭遇します。勉強は、それを乗り越えられるようになるためのトレーニングなのです。現在、サヤカさんが勉

要ない」と感じるものだと知っておいてください。知識や教養がない分だけ、世界が狭くなります。いろいろなジャンルの知識を身につけると、一つのことがほかの多くのことと関連があるとわかってきます。ニュートンは、それを「巨人の肩に乗る」と言いましたが、高い所から全体像が見えるという意味です。新聞や雑誌、テレビで自分がいかに勉強をしなかったのか、学校をサボったかということを得意そうに話す大人がいますが、今も精神的に大人になっていないのかもしれません。どうか、真似をすることのないようにしてください。

お金や物はなくなります。しかし、自分の内に積んだ財産（能力のことです）はなくなりません。サヤカさんが大人になり、やがて親となったときも使えます。大人になると、「ああ、あのときやっておけばなあ……」というときが何百回、何千回と訪れます。でも、生活のために仕事もしなければならない人が大半なので、なかなか勉強をやり直せませんし、できたとしても今のサヤカさんのような学生時代に比べると条件も厳しいものとなります。サヤカさんもメディアなどでときどき目にすることはありませんか？　定年を迎えた人、または七〇歳を超えてから高校や大学にいって勉強する人たちのことを。それだけの年齢になっても心から学びたいという熱い思いにかられる人は多いのです。みんな、それぞれの事情で学生時代、一〇代の頃は勉強したくてもできなかったのでしょうね。学生のサヤカさんはぜひ、今のうちから学んでください。

鉄は熱いうちに打て、といいますが、若いときは鍛えれば鍛えるだけ能力が向上しやすいのです。サヤカさん、この黄金の時間を逃さないようにしてください。

一〇代や二〇代の若い人はとにかく、「続ける」ということを習慣にしましょう。

人間には数多の能力や可能性が眠っているといわれますね。これは真実です。努力もしないで、はじめから「どうせダメだ」と思う人の能力や可能性は眠ったままで一生を終えることになります。そういう人は、人生の終わりにどんなことを思うのでしょうか。悲しい人生だと思いませんか。

また、同じ志を持つ友達を作る機会にも恵まれることを知ってください。勉強ができる、できないということは人間の本質的価値とは関係ありません。大事なことは、逃げずに、サボらずに取り組む人かどうかということです。友人関係にもさまざまな種類がありますが、楽なことだけをして、いやなことから逃げる、言いわけばかりの人を友達にしてはいけません。そのような人は、心の持久力・忍耐力のない人たちです。付き合う人というのは楽しいだけではなく、向上心を刺激し合う部分がなければいけないと思ってください。サヤカさんが夢や目標を語ったときに、

「そんなの無理だ」

「だるそう」

「大変だよ、やめなよ」

と言う友達では困ります。愚痴を言うことがあっても、次の機会には前を向ける人を友としてください。友達というのはサヤカさんの二度とない過ぎゆく時間を共有する人です。よく遊び、よく学べという言葉がありますが、遊んでばかりの友人は考えものではないでしょうか。何かに取り組む、努力している人はサヤカさんにも「頑張ろう」という刺激を与えてくれるかもしれません。

学生時代のみたっちゃんは紙数の都合でくわしく書きませんが、それはそれは楽しい学生生活でした。一つ言えることは、何でもやるとなれば、できるまで続けました。サヤカさんもできます。今のうちにたくさんトレーニングして、大人になってからの夢や目標を実現できる能力を身につけてください。また、これはみたっちゃんの持論ですが、努力する、一生懸命にやるということは、ご両親に対しても誠実であるとい

うことです。

みたっちゃんは、愚かな面があって、大きな罪を犯して、刑務所に入りました。しかし、両親はみたっちゃんをこの中に入る人間にするために育てたのではありません。ここに入ってからも、自分に何ができるのか、どんな可能性があるのか、目標を持ってやっているところです。

そんなみたっちゃんにも、人よりも優れたところが一つだけあります。それは何かに一生懸命になる、続けるという力です。みたっちゃんが子供の頃から努力をして身につけた一番の習慣です。勉強というのは、やり続けるという力のトレーニングになるものです。**とくに苦手なことというのは、自分を鍛えてくれます。**

大人になって社会に出たときからの生き方を左右するのは、自分の仕事や周りのことに対してどう取り組むかということです。**いくら頭がよくても、すぐに投げ出す人、ムラのある人、何かをやり遂げたという成功体験のない人は、自分の能力を有効に使うことができません。結果として、自分で考えていたよりもつまらない人生で終わってしまうことが多いと思ってください。人間の業績や成果は、頭のいい悪いより、どのように取り組み続けたかということで決まります！　成功の秘訣は、決して派手なことではなく、地味なことです。**

4月13日　サヤカより

7「私、助産師になりたいです。」

春休みが終わり、高校二年になりました。課題の結果、なんと日本史が一〇〇点満点！　中高で初です。でも、数学、英語、現代文は四〇点台のオンパレードでした。

私は文系クラスなので、今年は数学が数ⅠAと数ⅡBの復習、英語はアドバンスとベーシックの二コースがあるので、今年はベーシック、来年三年になったらアドバンスに変える予定です。

私は助産師になりたいので、医学部の看護学科を目指します。看護学科は数ⅢCがないので、文系でもOKなのです。でも、高校では、勉強のできる人はほとんど理科系クラスなので、心配です。

みたっちゃんのところは、桜が見られますか。私のところは、そろそろ葉桜になりかけています。

5月9日　みたっちゃんより

8「減ることなく、消えることもない財産。」

春休み後の試験、日本史一〇〇点おめでとう！　サヤカさんは歴史（日本史も世界史も）が得意だとわかりました。成績表（試験の）を送っていただきましたが、英語と現代文は、もうひと頑張りですね。高校二年生ですか。楽しいときではないでしょうか。みたっちゃんの高校時代は毎日が薔薇色というより虹色でしたよ。いい一年にしてください。

医学部看護学科を目指すのですね。助産師になりたいとのことですが、それは自営ということですか？　今は産科医が不足しています。将来的に見ても産科医不足の解消は難しいようです。

サヤカさんが助産師の資格を持つ頃はさらに忙しくなっていると思います。やり甲斐がありますね。何より、人が人の誕生を司ることの素晴らしさ、大きな意義が感じられるでしょう。

と言いつつ、みたっちゃんは妻の出産の立ち会いを辞退させてもらいました（泣）。

妻が「じゃあ、わたし一人で（ここを強調していました）、頑張るねっ！」と言い残し、みたっちゃんは、「いや、いや、離れていても心は一つ！」と苦しい弁解をしたものです。初産はかなり苦しむとのことで、妻の苦しむところに平常心でいられないと感じたことと、おそらく取り乱すであろう自分を妻に見られたくないというエゴイズム、そして、血を見るのがイヤ（必要と判断したときなどは別の意識が働きますが）だったのです。後になって、枕元で手を握って、「それ、いけっ！」くらい叫んでもよかったかなと反省しました。何事にも極端な父は「俺が立ち会う」と言いましたが、「オヤジが俺の女房に立ち会ってどうすんだ」と言ってやめてもらったのです（おまえの女房じゃなくて俺の孫が生まれるのだと怒っていましたが）。みたっちゃん、今は妻と離婚をして、息子とも会っていません。自分のしたことを考えると、仕方ないと思っています。父も亡くなりました。

さて、その後、クラスではどうですか？　クラスメイトのことはぜひおもしろがってください。自分と異なるタイプの人を「おもしろいなあ、へえ」と見ることができれば、人生は何百倍も楽しく、よいものになります。みたっちゃんは、これが下手なのです。刑務所に入って気がつきましたが、人間は他者と違ってあたりまえなのです。

サヤカさんは、もう、それに気づいていますね。立派です。人は心の持ちようで、心地よく過ごせるということを考えてみてください。今、生きている時間、これを本当に大切にしましょう。大人になったときに、「あの頃、楽しかったなあ」と思えるように。

みたっちゃんの所でも、桜が見られますよ。少し前に咲いていましたが、見事なものでした。みたっちゃんは桜が大好きです。人間は桜を見て、懸命に咲く、咲き誇ると表現しますが、みたっちゃんはそう思いません。**桜は自分が咲くこと、花をつけることを知り、そのときが来れば加減もせず、力むこともなく、すべきことを淡々としています。誠実に凜と咲き、潔く散る。人の生き方でたとえるなら何とも美しいものではないでしょうか。誰かが見ていようと、見ていまいと自らがやることを黙ってやる。そんな生き方、取り組み方ができたらいいなあと、いつも考えています。**

今日は、どうしたら勉強を続けられるか、少しくわしく書いてみましょう。三日坊主、飽きっぽい、意志が弱い、根性がない……。続けられないことに対して、いろいろな言い方がありますね。サヤカさんは、自分のことをどう思いますか？　また、他人から言われたことはありますか？　続けられる人、続けられない人の違いについて、はじめに言えることは目標が明確かどうかです。

最初に結論から言いますが、サヤカさんは目標を明確にしてください。具体的に何のためなのか、それを紙に書いたり、写真に撮ったりして、常に見える所に貼ってください。**「○○になれたらいいな」ではなく、「必ずなる！」という考え方をしてください。家族や周りの人に宣言してください。**なりたい自分の姿を想像してください。その大学に入って合格して喜んでいる自分、家族、友達の姿を思い浮かべてください。そして仲間といる自分を想像してください。イメージは具体的に！

古臭いと思うかもしれませんが、目標を壁に貼り出して、声に出すと、本当に気持ちが変わります。モチベーションを下げないように、絶えず目標を確かめ、自分を励まし続けてください。

何かを続けること、やり遂げることは、サヤカさんにとって大きな力となって残ります。単にテストの点数がよい、ゲームがうまい、足が速いというのは人によっては自信になるのでしょうが、もっと上の人が出てきたり、うまくいかなかったりすると、ガラスが砕けるように自信も消えていきます。たとえ亀の歩みでも、休まずサボらず続けるという習慣が身についていれば、サヤカさんは必ずなりたい自分になれます。掲げた目標や夢を実現できます。**「続ける力」は減ることなく、消えることもない財産です。**サヤカさんの場合、続ける力を身につけるためのトレーニングが勉強だと思ってください。

残念ながら、続ける力、続ける習慣を大人になっても身につけていない人が多いのです。せっかくこの世に生まれてきたのに、自分の目標も夢も実現できない人生を送ることになります。若いうちから体に染みついた習慣は容易に改まることはなく、自分で想像できないほど、実りのない人生になるのです。「続ける」ことを「努力」とも言いますが、今日、努力して明日すぐに結果が出るものではないだけに、途中であきらめる人が多いのです。

みたっちゃんの言っていることは難しいでしょうか。そう感じているかもしれませんね。でも、何の心配もいりません。**大事なのは「絶対にうまくいかせる」と力むことではありません。「小さなことをやり続ける」ことです。変な力みは逆効果です。桜のように淡々とやればいいのです。**

存在しない不安や心配について悩んだり、時間を使ったりすることは無駄です。

ありもしない不安を勝手に考えることを、杞憂と言います。古代中国の杞の国の人が、天が落ちてくるのではないかと心配した故事から来ているのですが、日本語では「取り越し苦労」とも言いますね。不安は自分の心が作り出すものです。勝手に大きくなりますが、ほとんどは根拠のない情緒的なものです。

今のサヤカさんは蛹《さなぎ》の時間です。蛹は外形上、休止した状態ですが、その期間に成虫になるための器官が作られます。サヤカさんは今のうちに自らの努力によってよい習慣を身につけ、美しく羽化してください。蛹には羽化しないものが少なくありません。そうならないようにしましょう。誰もがはじめから「続けられる」わけではありません。長い時間で見れば、「やりたくない、休みたい」というのはよくあることです。しかし、辛抱強くやり続けているうちに、サヤカさんは中身から変わります。今は目標に向かって小さな取り組みを続けてください。みたっちゃんも応援団の一人ですよ。

第2章

みたっちゃんとサヤカ、ヒロキの手紙

頭のよさとは、何だろう?

結晶性知能は
努力でいくらでもアップできます。
世の中の基準でいう「頭のよさ」は
結晶性知能であることが多いのです。
こちらのほうの「頭のよさ」で得られるものは
少なくありません。
学歴も決まりますから。

5月11日　ヒロキより

9「はじめまして、弟のヒロキです。」

はじめまして、山村サヤカの弟のヒロキといいます。いつも本を送っていただき、ありがとうございます。ゴールデンウィークに、一泊二日で部活のラグビーの試合に行ってきました。一〇試合しました。一日目は二勝三敗、二日目も二勝三敗でした。僕は、トライを三本くらいしました。五月五日に、手巻き寿司を食べました。おいしかったです。また、手紙を書きます。

5月19日　サヤカより

10「勉強しても、一日で七四%も忘れるんですね。」

お久しぶりです。さっそくですが、中間テスト、がんばりました！　私としてはとてもよい点ばかりなのですが、かなり凡ミスがあって痛かったです。

それぞれの点数は、現代文七八点、古典六三点、数学B八九点、数学II八六点、英語I八五点、英語II八六点、日本史八七点、生物八一点でした。数学の先生に「今までに取ったことのないような点数じゃないかー」と言われました。これをキープできるようにがんばります。

でも、本当に凡ミスが多いこと、多いこと。「十」が途中から「一」になったり、日本史も漢字で七点も落としたり、古典では「身分が高い」を「気分が高い」としたり。これには爆笑しましたが。凡ミスは、どうやったら直るのでしょう。

それと、学校で講演会がありました。予備校の講師の人が話してくれましたが、おもしろかったです。人間はどれほど忘れるかという話では、二〇分後には四二%忘れ、六〇分後には五六%、一日後には七四%も忘れるそうです。こんなにも忘れるのかとビックリしました。

また、数学ができない人は、たいてい姿勢が悪いそうです。私も気がつくと姿勢が悪くなっていて、当たっているなと思いました。これからは、姿勢から直してゆきます。

5月25日　みたっちゃんより

11「運動会の日、ちらし寿司が出ます。」

ヒロキくんの素朴で温かい手紙、ありがとうございます。読んだ途端に笑みがこぼれました。ボールを抱えて、まっすぐに走ったみたいな手紙ですね。字を書くのが苦手なのに、一生懸命に書いてくれたので喜んでいます。ラグビー、頑張っているようですが、その調子です。自分がやることは何でも一生懸命にやってください。

マンガの本しか読まないと、お母さんから知らされましたので、『テルマエ・ロマエ』を送ります。ほんの少し、難しいかもしれませんが、ヒロキくんが読んでも、おもしろいと思います。これからもおもしろそうな本を送りますね。

二日で一〇試合とは大変な運動量ですね！　ヒロキくんが一人だけ、トライを決めたと、お母さんからの手紙に書いてありましたが、偉いなあと思ったことは、ヒロキくんが、「みんなからのパスがよかったから」と言ったことです。みたっちゃんがヒロキくんと同じ中学三年生の頃なら、そんなことは言えなかったと思います。「どうだ！　俺だぞ！」みたいなことを言ったでしょう（ヒロキくんのほうが遥かに偉いですね)。感心しています。その心掛けを忘れないでください。中学生のラグビーとは、一試合、何分ですか? ずっと出っ放しでしょうか? これからのますますの活躍を楽しみにしています。

三年生といえば、高校受験もあるでしょうから、今を精一杯、楽しんでください。たくさん食べて、よく運動し、勉強も少しはしましょうか。お母さんによれば、どう考えても受験生とは思えないとか(笑)。

五日の手巻き寿司、おいしそうですね。ここも年に一回の運動会に、ちらし寿司が出ますよ。ヒロキくん、毎日、楽しくやってください。

5月25日 みたっちゃんより

12「記憶力はカンタンに上がります。」

サヤカさん、手紙、ありがとうございます。中間テスト(懐かしい響きです!)、素晴らしい成績、おめでとう! それにしても立派な成績です。送られてきた成績表の数学が真っ先に見えて、「おおぉっ!」と思いました。

ただ、凡ミスがあったとか。それは、その問題が簡単に思えたからに違いありません。難しいなと思えば凡ミスではなく、問題そのものが解けませんからね。凡ミスをするときの心理状態の多くは、意識が次の問題に飛んでいたり、ほかのことに移ってしまっていたりするときです。その理由は「問題が易しい→すでに答えが出ている→次の問題をやろう」という流れになったから。ポジティブに考えると、凡ミスをするだけの「学力がある」。もともと、そそっかしい、慌て者ということも凡ミスの一因ですが、サヤカさんの場合はどうでしょうか。

テストは時間との戦いです。できるだけ落ち着いて答えを書く、見直しを慎重にすることで凡ミスは防げます。あとは、テストでは簡単（難易度の低い）な問題からやることです。難しい問題で立ち止まって時間を使うことは、余計に焦りにつながり、凡ミスどころか、本来の平常心なら解けたはずの問題まで解けなくなります。凡ミス対策は普段の勉強でできます。対策はテストのときと同じで、普段から「できるだけ落ち着いて答えを書く」「見直しを慎重にする」の二つだけです。テストのときだけやってもダメです。日頃からしっかり気持ちを入れてこの二つを行うことが重要です。普段と本番をわけない。これがテストに強くなる鉄則です。

それにしても数学、やりましたね！　その調子ですよ。みたっちゃんはうれしいです。日本史も漢字が正しければ九四点になります。次回以降も好結果を期待しています。とはいっても、テストの点数を取るというよりも、自分がどれくらい知識を吸収したのか、きちんと取り組むようになれたかが肝心なことです。

サヤカさんが講演会で聴いたのはエビングハウス（ドイツの心理学者・一八五〇～一九〇九）の忘却曲線と呼ばれています。

二〇分で四二％忘却
六〇分で五六％忘却
九時間で六四％忘却
一日で七四％忘却
一週間で七七％忘却

するとされています。記憶を定着させる方策の第一は「反復」です。暗記したいことがあったら、最初に覚えたあと、一時間後から九時間後までの間に復習します。たとえば、寝る前にカードを見たり、読み返したり、天井・壁に貼ったり、朝、起きたときも繰り返すようにしてください。記憶の種類には、

・短期記憶
・中期記憶

・長期記憶

がありますが、はじめに脳に入力されるときは、どれも短期記憶です。短期記憶は一時的な記憶のことで、代表的なものは電話番号があります。ほんの一、二回しか使わなければ、すぐに忘れるものです。これを中期記憶、そして、長期記憶にするには、反復しなければなりません。

脳の中で記憶に関係する部位は、海馬と側頭葉ですが、最初は海馬を中心とするネットワークに蓄えられます（海馬…側頭葉のすぐ裏側。直径一センチメートル、長さ一〇センチメートルほどの湾曲したキュウリ状の器官）。反復することで海馬が「必要」と判断した情報は側頭連合野に蓄えられるのです。

サヤカさんの暮らしの中で、よく使うことは覚えますよね。たとえば、バスや電車の時間。車窓の風景などです。もちろん、人によって記憶量とスピードに差が出ますが、これは日常のトレーニングによっていくらでも向上させられるものです。もしかしたら、「自分は生まれつき記憶力が悪い」と勝手に思い込んでいるかもしれませんが、全くの誤解ですよ。

トレーニング、習慣づけによって六カ月も続ければかなり効果が出ます。後で説明しますが、「頭がよい」ということと「記憶力がよい」ということは別の能力です。

それと記憶する際に何よりも大切なのは、「大丈夫かな？　覚えられないのではないか」と考えないことです。勝手に不安を作り出すことは、時間の無駄につながります。

「大丈夫、覚えられる」

「私はできる、覚えられる」

このように脳に言い聞かせてください。**脳は入力された情報を処理するときに、「仮説立証型」といって、「できると確信する」（「仮説を立てる」と称します）と、獲得した情報の中から効率的に解答を引き出そうと認知情報を処理する部位がフルに動きます。その結果として、「できるんだ！」と確信したことは必ずできるようになるのです。**

反対にできないと思ったとき、脳はできない理由を求めるようになります。サヤカさんは、いつもどちらの考えでやっていますか。もし、「できるかな……」などと思いながらやっていたのであれば、今の瞬間から変えましょう。

記憶の中枢である海馬は、使えば使うほど神経細胞が増えるといわれていますから、トレーニングを続ければ、サヤカさんの記憶力は確実に向上するわけですね。実験でも普段から記憶の出し入れが多い人は海馬が大きいことが立証されています（有名な例ではロンドンのタクシー運転手の例があります）。

脳内にはニューロンという神経細胞があり、このニューロン同士の末端をシナプスと呼びます。シナプスを結び付けているのは脳内伝達物質ですが、結び付くことで新たな神経回路が作られ、情報の処理能力が上がるのです。シナプスが長期にわたって、しっかりと結び付き、伝達効率が向上することをＬＴＰ（長期増強）と呼び、高い記憶力を持てることになります。これらはトレーニングや習慣づけによって限りなく向上するものです。脳は、その必要があると判断すれば能力を伸ばす器官だと知ってください。

学生時代の勉強の大半は暗記になります。暗記や記憶の機会は学生時代だけではありません。社会人となっても必要であり、生涯使う能力です。記憶力を鍛えることによって、サヤカさんは成績が上がるだけではなく、生きていくさまざまな場面でそれを生かすことができます。

暗記は時間も決めずに、ダラダラやってはいけません。音読したり、部屋の中を歩き回ったり、体を動かすことも効果的です。人によっては、ひたすら読む、書くことも有効でしょう。何かと何かの隙間の時間、短い時間、まとまったことをできない小さな時間を生かすことも心掛けてください。若ければ若いほど記憶力は向上します。今のうちに鍛えることによって、一生、使える財産となるのです。サヤカさん、自分でマイナスの暗示をかけて脳の働きを悪くしないようにしてください。

姿勢については、常に注意をしてください。背中を丸くする、斜めにする、対象に近付き過ぎると内臓を圧迫し、血行を悪くします。呼吸も浅くなり、酸素の供給が減り、脳にはマイナス効果となります。結果として脳の働きを悪くして、集中力も低下させるのです。体も疲労を感じやすくなりますし、視野が狭くなります。骨盤を立てるように意識してください。これは日常の暮らしの中で注意することで直るでしょう。姿勢を正すと教科書やノートなどがよく見えますし、疲れにくく、集中力も高まり、勉強の効率が上がりますよ。

サヤカさん、同じ時間を勉強に費やすのなら、効果が上がるほうがいいですね。自分の頭と時間を上手に使ってくださいね。

5月30日　みたっちゃんより

13「頭がよい人の条件。」

トルストイの『アンナ・カレーニナ』の中に、人は慣れない環境というものはない、というような記述がありますが、本当にその通りです。みたっちゃんのいるここも、その一つの例だといえます。ここにいる人たちの多くは、少年期から少年院、少年刑務所、短期刑務所に何度も入った経験を持っています。そのことを「普通の人間の生き方じゃない」とは感じていないのです。そのために自分がどうしてこうなったのか、何が足りなかったのか、どうすればいいのかということを考えません。

せっかく社会に出ても、反省がないので、また同じことをします。結局は刑務所に入るために生まれてきたような人生です。社会の暮らしからすれば、自由を制限され、人間らしくない生活の部分もあるのに疑問を感じません。自分の内にある能力や可能性には見向きもせずに、毎日、何の努力もしないで過ごしています。残念なことです。

ここにいる人たちの多くに共通しているのは、若い頃から何かに真剣に取り組んだ経験がないということです。勉強もしたことがないので成績も悪く、そのことから「自分は頭が悪いんだ」「どうせ、俺はバカだから」と言って生きてきました。どんなに頭がよくても勉強をしなければ、わかるはずがありません。みたっちゃんが見る中では、ここの人たちの中にも、ちゃんと勉強をすればいい成績を取れそうだと感じる人がいます。本人たちが信じ込んでいるように、頭が悪い人ではないのです。

ただただ、惜しいのですが、続ける習慣を持たず、成果が出なければすぐにあきら

めてしまうし、それ以前に何かを頑張ろうと行動を取りません。「どうせ自分はできないから、ダメな人間だから」というのが大きな理由ですが、これは若いときから悪い習慣となっています。やりもしないであきらめる、やがて目標も希望も持たない人生となります。犯罪者でなくとも社会には同じ考え方の人がたくさんいますが、本人のやる気さえあって、実際に行動すれば、どうにかこうにかやれるのに。やるか、やらないか、やり抜けるかは、頭のいい悪いより、習慣の力だと知ってください。

頭のよい、悪いについて一緒に考えてみませんか。社会では、暗記力がある、記憶力のよい人を頭がよいと見るところがありますが、二つの能力はまったく別のものです。人の知能指数（ＩＱ）と記憶力の関係をサヤカさんに教えたいと思います。

ＩＱは大別すると、

①結晶性知能（言語性知能）

②流動性知能（動作性知能）

に分けられます。一般的な知能検査では、結晶性知能と流動性知能を計測して総合的な指数として、ＩＱが算出されます。結晶性知能はどれくらい言語を知っているか、知識があるかを表し、流動性知能は新しい事柄に遭遇したときの順応性や処理能力を表します。結晶性知能はその名の通り、努力や学習の積み重ねの結果、年齢に関係なく向上するものです。サヤカさんもこれから伸ばすことができますよ。これが記憶力に関係する知能になります。物事をよく知っている、博学（いろいろな学問に通じている）と呼ばれる人は、この結晶性知能が高い人ということです。結晶性知能はつまり、「知識の多さ」ということになります。学校の勉強もこれになるわけです。と、いうことは努力次第でどうにでもできる、向上する能力というわけです。後からいくらでも伸ばせるわけですから、「生まれつき頭が悪い」だなんて、考える必要はないのです。

それに対して、流動性知能は新しい仕事、場面、状況に対応する能力を示しています。頭のよさの要素を分類する方法には何種類かありますが、みたっちゃんは頭のよさは流動性知能の要素が中心だと考えています。これは生まれつきの知能とされていますが、学生時代の友人、社会に出てからの知人、ここでの受刑者を見た経験からもその通りだと思います。こちらは加齢（年を取る）とともに低下することも証明されています。学生時代にさっぱり勉強をせずに、自分は頭が悪いと思っている人、それを口にする人の中に流動性知能の高い人を発見するときがあります。このような人は、知識が不足していても、新しい仕事、状況への対応が速いことが見られるのです。この工場でも、中学しか出ておらず、大した教育も受けてこず、「俺はバカだ」と卑下しながらも、高学歴の受刑者よりもよっぽど物覚えがよく、器用に作業をこなす者がいます。ただ、こうした適応力はなかなか鍛えられるものではありません。

その点、**結晶性知能は努力でいくらでもアップできます。世の中の基準でいう「頭のよさ」は結晶性知能であることが多いのです。こちらのほうの「頭のよさ」で得られるものは少なくありません。学歴も決まりますから。結晶性知能は、あきらめないでコツコツ取り組み続ければ、必ず向上できます。このことを頭に刻んでください。**

ちょっと安心しましたか？　流動性知能のほうがお好みですか？（笑）

集中力についても、一緒に考えてみましょう。集中するというのは、どういうことでしょうか。サヤカさんは何かをやり終えたときに、「こんなに時間が経っていたの！」とか、「ええっ、もうそんな時間なの」と感じたことがありますよね。反対に全く時間が進んでいないと感じることもあるでしょう。時間というのは、不変のはずです。それなのに「長く感じる」「短く感じる」とはどういうことでしょうか？　長く感じるときというのは、ほかにしたいことがあるときやつまらないときが多いはずです。では、短く感じるのは、どんなときですか？　楽しいとき、つまり、そのことに夢中である、没頭している、などのときですね。それが集中している状態ではないでしょうか。サヤカさんが好きなことをしているときの時間は短いはずです。「自らこれをやりたい、やらなきゃと考えているとき」だと思います。

では、**やりたくない、つまらない、興味がないことには集中できないのでしょうか。最もよいのは興味を持つことですが、持てなくても訓練次第で集中力は高まります。**

社会では、大人といえども集中力のない人がたくさんいますが、これは若い頃から訓練してこなかったからです（訓練してこなかった、というのは飽きた、嫌になったらすぐに気持ちが負けてしまい、それを直さないまま大人になってしまったという意味です）。そのために仕事や生活のさまざまな面で苦労をしています。

集中力が最も強い状態は、約二〇分から二五分間だといわれています。途中で弱くなり、また強くなるということを繰り返し、何時間も続くわけです。集中力が高いときというのは雑音や周りのことも気にならないものです。いつもこのような集中力があれば勉強でもほかのことでも能率は上がるでしょうね。

サヤカさんが勉強するときの集中力は、どれくらいの時間、続くでしょうか。五分？それとも、一〇分？　あまりにも短い場合は、すでに自分の意識の中に「続かないんだ」というネガティブなイメージがしっかりできているのかもしれません。もしそうなら、練習して「変わるんだ、変えるんだ」と考えるようにしてください。「変わらない、変わるはずがない」と思い込んでいると本当に変わりません。

人間はその気さえあれば、六〇歳になっても七〇歳になっても（ときにはそれ以上でも）、本人に気持ちがあれば変わります。**自分を縛っているものはほかのことではなく、自分自身の思考なのです。考え方を変え、行動すれば結果は変わるのですから、それを信じて生活してください。**

それでは練習です。前方に何でもいいですから、一点の印（窓の外に見える物でも何でもいいです）を見つけるなり、決めるなりしたら、それを一分間、にらみ続けてください。その際、姿勢を正して（立ってもいいです）、呼吸は鼻から深く吸い（五秒くらい）、口からゆっくり（一〇秒かけて）吐き出します。その印に穴を開ける、火を点ける、吸い込まれるというイメージを持ちながらにらむのです。一分間が終われば、また三〇分から一時間ほどしてから一分間にらむということを繰り返します。これを一日に三、四回やってください。やるときには静かな状態よりも、多少、騒音がある状態でやるのが練習になりますが、どちらでも構いません。

「頭の中は無心に」と言いたいところですが、雑念が入るのはあたりまえなので、集中・集中・集中と心の内で唱えてください。呼吸が浅くならないように注意しましょう。その間、にらんでいる物から目を離さず、ひたすら凝視してください。

これを一週間続け、二週目からは覚えたいと思うこと（英単語・公式・年号・その他勉強のこと）を紙に書いて壁に貼り（ノートでも構いませんが、貼るほうが効果があります）、これをにらみます。一週目は一分間でやってください。それで暗記に努めるのですが、三〇分から一時間後にいくつ覚えていたかノートにメモします。にらむときは、姿勢と呼吸に注意するのですよ。

二週目からは三分、三週目からは五分にらんでください。五分間でどれだけ覚えられたかを記録しておき、一ヵ月後と三ヵ月後の記録を比べてみましょう。その頃には勉強をしていても二〇分、三〇分は続くようになっているはずです。この方法は、みたっちゃんがいろんな本や雑誌に載っている方法を試して、いいとこどりをしたものです。

ほかにも集中力を訓練する方法として、人の多く集まる場所（電車やバスの中、教室、街中など）で、特定の人たちの話し声を聴き取る練習をします。ほかの人たちの話がざわざわと騒がしいほど効果が上がりますから、たとえば五分間と決めて集中してください。何十分もやる必要はありません。意識を集める訓練ですから、日常の生活の中で、いつでも可能なはずです。

集中力も記憶力と同じようにトレーニングでいくらでも向上します。もう一度言いますが、大事なことは、「本当に自分にできるのかな……」と考えないことです。「できる、やるんだ！」「できるまで続けるんだ！」と信じてください。記憶力と集中力、そして続ける力。これらの素晴らしい能力を手に入れましょう！

6月8日　ヒロキより

14「血液型は何ですか？」

お手紙ありがとうございます。マンガ本や文房具をたくさんありがとうございます。お手紙にあった質問にお答えします。中学生のラグビーは一二人制で、二〇分ハーフです。この前の試合は二〇分間で、一〇試合全部出ました。きつかったです。ポジションはバックスのセンターです。

好きなお菓子は、じゃがりこ（サラダ味）、アルフォート（チョコ）、こんなアイスしっとるケ（アイス）、Ｆｉｔ'ｓ（ガム）で、今のガムはむかしと違って、アメみたいに粒状になったやつや引っ張ったら(包みが)半分むけるものもあります。

僕から質問します。生年月日はいつですか？　血液型は何ですか？　僕は平成七年六月一七日、B型です。

6月15日　サヤカより

15「もっと自分を出したいです。」

クラスにユリコという子がいるのですが、何でも「面倒くさい」で終わらせるので、私としてはうなずけないことも多く、苦笑いで済ませています。ユリコはゲームが好きなので、話が合わないのかも知れません。一〇〇%合う人なんて、いないでしょうしね。

勉強はしますが、学校生活もちゃんと楽しもうと思っています。青春は限られた時間だし。大人になったときに、楽しかったと思いたいし。学校の行事にも、全力で参加したいと思っています。文化祭とか体育祭とか心残りのないようにしたいです。

私は奥手なので、リーダーとか無理かも知れませんが、積極的に動いて、私も一員だと感じて、みんなと「楽しかったね」と終われるようにしたいです。心の中では、これしてみようとか、あれしてみようとか思っても、なかなか実行できません。きっとみんなに遠慮してしまうのでしょう。もっと自分を出せるようにしたいです。

6月20日　みたっちゃんより

16「蟻のDNAが入っています。」

手紙、ありがとうございます。私はここで一番、筆記用具を使うので、いつも多めに持っているのです。使ってください。

二〇分ハーフを一〇試合とは、きついですねえ。体力があるのが、わかります。今の年代は鍛えれば、いくらでも向上するのです。

みたっちゃんは、蟻のDNAが入っているのかと思うくらいに甘い物が好きで、菓子は欠かしたことがありませんでした。ここでは、月に一回くらいしか出ませんから、余計においしく感じます。菓子は、みたっちゃんが社会にいた頃とは変わりましたね。

さて、質問についてですが、一九五九年（昭和三四年）九月五日生まれのA型です。ヒロキくんは平成七年生まれですかっ！　みたっちゃんは、すでにここにいました……。

毎日が楽しいときではないでしょうか。よく遊び、よく学んでくださいね。

6月20日　みたっちゃんより

17「人に合わせる必要はありません。」

話が合わない人、どこにでもいますね。みたっちゃんも、ここでは話の合わない人だらけです。考えてみれば、育った環境も思想も違うのですから、一〇〇%合うことはないと思うのです。だからこそ、おもしろいということもあるのではないでしょうか。

何でも面倒くさいで終わらせる人を見て、感じること、うなずけないことがあれば、自分は真似をしないことですね。「人のふり見て、我がふり直せ」という言葉もありますが、そういう人を反面教師と言いますね。無理に合わせる、話をする必要はありません。

サヤカさん、同性でも異性でも自分の気持ちを抑えて、無理に付き合うことはないのです。と、偉そうに書いていますが、みたっちゃんはここへ入ってわかったことがあります。いやな奴、変な奴、そういう人を「おもしろい人だなあ」と見ることができたら世界が変わるということです（でも、いつでもできるわけではなく、まだまだと思うことが多いのですが）。どうしてそのようなことをするのだろう、何を考えているんだろう、変わってるなあと珍しい動物でも見るような気持ちで眺めていると、自分の気持ちが穏やかになります。

普通のまともな大人は、早いときから知っているのでしょうが、みたっちゃんはここへ来てからわかりました。遅いですね。

サヤカさんの雰囲気が伝わってきます。みたっちゃんの高校のクラスメイトにも、ユニークな女の子がいました。みんなと話題や話すテンポが違っていて（ゆっくりなのです）、純情で（すぐ顔が赤くなります）、不器用な女の子でした。ほかの女子みたいに髪の毛を巻いてきたり、お洒落をしたりせず、小学生みたいに頭のてっぺんで、髪の毛をゴムで縛っていました。みたっちゃんは変わった奴だなあと思いながらも、よく話していましたが、今で言う天然の子で笑えたものです。その女の子は逆にみたっちゃんのことを変わっていて不思議だと言っていましたが。振り返ると楽しかったですね。みたっちゃんは子供の頃から、いつも楽しいと思っていましたが、高校時代はとくに毎日が金ピカに輝いていました。

サヤカさんも勉強をしながら、高校生活を精一杯、楽しんでください。青春というのは、大人になっても心の持ち方で謳歌できますが、一〇代の青春は特別なものではないでしょうか。時間も人生も一回性のものであり、戻ることができません。学生時代の思い出は一生、自分に付いてくるものです。毎日の暮らしを楽しいと感じるのは自分の心のありようですが、どうか、サヤカさん、存分に楽しんでください。「リーダーとか無理かも知れませんが」、ということですが、やればできますよ。やってみればいいのです。なにごとも経験しなければわかりません。積極的に動くこと、私も一員だと感じて、みんなと「楽しかったね」と終われるようにしたい、というのはとてもよい心掛けです。

サヤカさんは大人ですね。心の中だけで思っていないで実行してみたらどうですか。遠慮してしまうというのは性格でしょうが、考え方を変えれば行動は変わりますし、結果も違うものになります。**自分が気にするほど、周りの人は気にしていないのが普通です。他人が自分をどう見るのか、あれこれと考えるのでしょうが、ネガティブに考えることは一切ありません。**自分で殻を作っているだけです。あいさつをしたあとに一言話をしてみるとか、楽しそうだと感じたならその中に入るか、もし入れなくてもただそばに近づいて、そこにいるだけでもいいじゃないですか。

小中学校で大人しく、引っ込み思案だった女の子が、進学した先でにぎやかになる、明るくなることはよくあります。そういう人はだいたい、「あのとき、ちょっと話に入っていったらよかった」とか「こんなに簡単なことだと思わなかった、損したなあ」と言います。サヤカさんもそうなのでしょうが、そういう人が話の輪の中に入るのは、大変な勇気がいるのでしょうね。でも、これも慣れです。懲りずに何度でも試しているうちに、「なんだ、こんなことか」と思えるかもしれません。

楽しさというのは、人それぞれですから、サヤカさんなりの楽しさもあるのでしょうが、参加したいという今の気持ちを大切にしてください。その気持ちはいいですね。そのように考えられたのは、これまでのサヤカさんから一歩、踏み出したということです。あともう一歩、行ってみませんか。

文化祭、体育祭、みたっちゃんも本当に楽しかったです。オーバーに言えば、夕陽に向かって、バカヤロー（笑）とか、青春だーっと叫ぶような日々でした（全く知らないと思いますが、みたっちゃんが高校生の頃、このような青春ドラマが花盛りだったのです）。戻れるものなら、高校生に戻りたいです。サヤカさんが積極的に参加して、「ああ、楽しかったなあ」と言える時間を過ごすことを願ってます。無理に人に合わせず、「私はこういう性格なの。でもみんなと楽しくやりたいな」という気持ちを強く出してください。

クラスメイトにだって、内心はほかの人の顔色をうかがったり、不安のある人はいるんですよ。サヤカさん、自信を持って、少しだけ体の力を抜くことを試してみてください。サヤカさんの人生や学校生活の楽しさを決めるのは自分ですよ。自分の感じ方ひとつなのですよ。しっかり、楽しんでください。

7月8日　サヤカより

18「私なりに、がんばってみます。」

久しぶりのお手紙です。このまえは、たくさんの応援ありがとうございました。いろいろ、私なりにがんばってみますね。

やっと期末テストが終わりました。もうすぐ夏休みです。でも、要領が悪いので、宿題で手一杯だと思います。

昨日は、英語教室の体験授業を受けました。先生はオーストラリアの人で、結構楽しかったです。何より、私があまり緊張しなかったのが一番でした。私は今、英検準2級です。去年2級を受けて、見事に落ちました。当然の結果です。あまりに、ボキャブラリーが足りなかったのです。秋の試験を目指してがんばります。

修学旅行で、シンガポールとマレーシアに行くので、そのときには少しくらい会話ができたらいいなあと思っています。後で、テストの結果を送ります。

7月8日　ヒロキより

19「ケンカの仕方を教えてください。」

お誕生日を教えてくれてありがとうございます。みたっちゃんは、刑務所から絶対に出ないのですか？　出られるなら、出てきて欲しいです。刑務所から出たら、家に来てください。

去年、僕が中二のときに、近くの神社で中一が中二にケンカを挑戦してきました。二年生二〇〜三〇人のうち五人が選抜されてケンカをすることになり、僕も選ばれました。ケンカは一対一でやることになっていました。そのときは、ケンカの前に、先生が来たので、走って逃げました。ある女子生徒が先生に密告したそうです。その後、僕たちは先生に説教されました。

ケンカの仕方を教えてください。

7月13日　みたっちゃんより

20「時間の使い方を見直しませんか。」

やっと期末テストが終わりましたか。夏休みは楽しみですねえ。みたっちゃんも楽しい思い出が、たくさんありました。ああ、懐かしいなあ。

さて、英語教室であまり緊張しなかったのは、なぜでしょうか。先生がオーストラリアの人だから、楽しかったから、どちらにせよよかったですね。楽しいということは全ての基本だと思います。楽しいという感情ですが、自分の心掛けひとつで、すぐに楽しいと感じることもできるのです。

英検準2級とか。それでは2級の合格を期待しましょう。どうして落ちたかわかっているなら、何をすればいいかわかりますね。みたっちゃんは、結果が悪かったときが改善の一番のチャンスだと考えてきました。テストはそれを知らせてくれる機会です。それを考えて夏休みをすごしてください。

修学旅行がシンガポールとマレーシアですか。へえー、いい所へいきますねえ。シンガポールは、きれいな所です。歴史上でも有名なラッフルズホテルを見てくるといいでしょう（ほかにもマーライオンとかたくさんありますが）。シンガポール・スリングというカクテルも有名ですね（ジンをベースにチェリーブランデーを少しとレモンジュースと砂糖が入ります）。ちょっと大人の味といえます。マレーシアは成長している国で、シンガポールと同じく、国民は勤勉です。若いときの海外旅行は貴重な機会だけに、いろいろな所を見て来てください。英語での会話、どれくらいできるでしょうか。日本に帰ってきてから、英語の勉強に熱が入るでしょう。

夏休みは、習慣を見直すいいタイミングですね。いい習慣を今のうちに身につけておけば、一生使えます。前にも書きましたが、**人間にとって大切なのはIQの高さより、勤勉性、真面目さ、自分との約束を守る心だと思っています。この三つを貫けば、必ずあきらめないで続ける力、そして続ける習慣が身につきます。**

サヤカさんにとっては、今が最も効果的にこの続ける習慣を身につけられるタイミングだと胸に刻んでください。気分がノらないときもあるでしょうが、そんなときほど、「よし、これをクリアしよう！」とぶつかっていってください。**続ける習慣は、**

今日はじめたからといって、明日、一週間、一カ月ですぐに身につくものではありません。楽に手に入れたものは、大したものではありませんからね。日々の暮らしの中で、自分の弱い心と戦って手に入れてください。

「自分との約束をやぶるのは悪いことだ」と自分でわかっているということが、実は大切なことなんです。世の中の大人は、自分が悪くてもそれがわからない人のほうが多いのです（みたっちゃん、偉そうに書けませんが）。ここはとくにそんな大人であふれ返っています。自分のことを省みることができない、反省できないということは悲惨なことです。

この夏休みは「時間の使い方」を工夫してみませんか。サヤカさんはこれからも遠大な時間を過ごしますが、時間の無駄使いということについて考えることを勧めます。きちんと集中すれば三〇分で終わることを、だらだらと一時間もかけていないでしょうか。

サヤカさんは自分の一日のスケジュールを正しく把握していますか？　無駄な時間の使い方はしていませんか？　はじめに一日の時間の使い方を細かく分析してみてください。棒グラフ、円グラフにすることをお勧めします。

ここで注目して欲しいことは、

・朝、起きてから洗面・食事に何分かかるのか、登校まで何分の空き時間があるのか
・下校してから夕食までの空き時間、それをどのように使っているのか
・夕食後、入浴まではどのように時間を使っているのか
・入浴後から寝るまでの時間はどう使っているのか
・総勉強時間は、どれくらいか

などですが、何かをしてから、次の何か（夕食から入浴、入浴から勉強をはじめるまで）に移るまで、どれくらいの時間がかかっているのか、それは自分の予想とどれくらい違っていたかを正確に知って欲しいのです。

サヤカさんは知っていますか？　時間には種類があることを。まず、時間の量から考えると

①一時間以上のまとまった時間
②三〇分程度の時間
③二、三分から一〇分未満の細切れの時間

となります。

①のまとまった時間に暗記などをしていませんか。それは非常にもったいない時間

の使い方となります。ポイントは、③の時間の使い方です。この時間を上手に使えば、②や①と同じような効果を発揮しますよ。

日頃の生活パターンや態度が、自分の本当の姿だということに気づいてください。初心を忘れて、何となく机に向かっているうちに時間が過ぎたということのないようにしましょう。自分の時間の過ごし方が、そのまま勉強だけではなく、人生を決定するということを知ってください。

とにもかくにも、夏休みを思い切り楽しんでください。

7月13日　みたっちゃんより

21 「ケンカは物理学です。」

元気にラグビー、頑張っていますか。みたっちゃんは、ここから出ません。出て社会で自由になることは、被害者の遺族も赦しません。みたっちゃんも「それはおかしい」と考えるからです。自分でよく考えてみて、自分のしたことが、とんでもない間違いだとわかったので、責任を取らなければなりません。事件を起こす前に気がつけばよかったのですが、それができませんでした。

みたっちゃんは、ただ、刑務所で務めればいいんだという周りの人の考え方が正しいとは思えません。それだけのことをしたと自分でわかったなら、自分のしたことだから、きちんとするのが正しく生活しようと考える人の行動です。「家に来てください」とのことですが、みたっちゃんも行きたい気持ちはあります。しかし、やはり、出てはいけない人間なのです。ヒロキくんが、そのように言ってくれることに感謝します。みたっちゃんは、子供の頃から決めたこと、言ったことは何としても守ろうと考えて、生きてきました。大人になっても自分の言葉に責任を持たない人がたくさんいますが、ヒロキくんは、そんな大人にならないようにしてください。とくに男は、損得に関係なく、自分の言葉や約束は守らなければなりません。これは、年が若いとか、大人子供に関係のないことです。

神社での件、愉快でした（笑）。思わず、笑ってしまいましたが、ヒロキくんたちは真剣だったのですね。そうですか、選ばれましたか。ちゃんと五人ずつ、同じ人数というのが、スポーツらしくていいですね。お母さんからも、「健全なケンカの仕方」について教えてあげてください、と手紙が届きました（笑）。

「先生に説教されました。ケンカの仕方を教えてください」というのがとてもおもしろいです。先生の説教は、どこに消えたのでしょうか（笑）。神社というのが、何といってもいいですよ。

まず、ケンカはしなくて済むのなら、それが一番です。そうなる前に、自分に対しても、相手に対しても、原因は何か、ほかに方法がないか、このままだとどうなるのか、そのとき、自分はどのように考えて行動するのか、よく考えてください。ケンカはすればするほど、しなくてはならない状況になっていくのです。それでも、「やんなきゃダメなんだよ」ならば、仕方ありません（お母さんに訊かれて、このように答えたとのこと）。みたっちゃん、爆笑でした（笑）。たしかに、自分が正しいと思ったとき、何かを守るため、避けられそうもないときには、しなくてはならない場面も出てきますよね。

ヒロキくん、**ケンカは物理学です。「筋力×スピード×技術」に、「根性」の累乗になります。この場合の根性は、気魄《きはく》とも気合とも言えます。これがないと、ほかの面では勝っているのに、怖がって負けるのです。みたっちゃんは、仕事や勉強も同じように根性が結果をわけると思っています。**ヒロキくんは、スピードがありますよね。走るのが速い人は、これを必ず持っているのです。筋肉の質が速筋中心ですから、瞬発力があるのです。次にラグビーで鍛えていますから、持久力やスタミナも備えていることでしょう。多くの人は（大人も子供も、とくにヤクザ）、見せかけ（はったりとも言います）だけ強そうにしているだけで、実際は体力がないのですよ。

みたっちゃんの父は、ケンカの神様でした。生涯、不敗の人で、この父がいつも言っていたのがスピードと根性です。みたっちゃんは、小さなときから鍛えられたので、小学校の頃から強過ぎて、二つも三つも上の子でも相手になりませんでした。

中学生のとき、本当に強くなりたくて、毎回、ノートにメモして研究していましたが、三〇〇回を超えた頃に大体のパターンがわかったのでメモをやめました。同じ中学生に相手になる人はいないので、高校生を相手にしていましたが、ボクシングのインターハイの新人戦でトップの選手には負けました。そのときも父にアドバイスされ、二回目は勝ってきました。そのような経験から筋力と技術も重要だと悟ったのです。手紙で方法をすべて伝えることは難しいですが、みたっちゃんの父は韓国人のせいか、小学生のときに頭突きから教えてくれました。「必殺の頭突き」と言っていましたが（笑）。

毎日、みたっちゃんの頭と自分の頭をごつんごつんとぶつけて痛かったです。頭突きが相手に正しく当たれば、一発で終わります。相手の頭に平行に当てるのでは威力もありません。自分の頭を後ろに引くことにもなり、無駄な動作になるだけです。頭突きというのは、斜め下から上に突き上げます。これだと、自分の頭を後ろに引かなくてもいいですし、足と腰の力も使えるので、威力があるのです。

父との練習では、みたっちゃんの前、七〇センチメートルくらい前に煙草の箱（硬貨でもいいです）を置き、それを拾い上げるように上体を斜め前に沈め、次は一歩踏み出しながら、前に立っている相手の鼻、または少し上（口を狙うと相手の歯で自分の頭を切ります）を狙って斜めに伸び上がります。実際には相手の胸元を両手で掴んで、引き寄せるようなイメージです。沈み込んでから、伸び上がる、というイメージを持ってください。

ただし、相手に大ケガの恐れがありますから、加減ということを覚えなくてはなりません。もっと安全にということなら、初歩の初歩ですが、相手の大腿部の横に、自分の膝をガツンと当てます。こうするだけで正しく当たれば立てなくなります。それから相手を捕まえて殴るなり、蹴るなりしますが、書いて説明するのでは、わかりづらいでしょうね。ヒロキくんの場合は得意のタックルで倒して、相手の上に馬乗りになって（マウント・ポジションとも言いますね）、二、三発殴ったほうが早いかもしれません。そのとき、大事なことは真上から相手の顔面を殴らずに横から殴ることです。真上から殴れば大ケガをしますし、ダメージが大き過ぎます。ヒロキくんは持久力もありますから、普通の子が相手だと、まず負けないでしょう。あとは恐れず、気魄と根性、数をこなして技術を向上させることです。スポーツと同じで（勉強とも）、やみくもにやらずに、きちんと考えたり、イメージしたりしながら（相手と自分の動きを）やると強くなれます。まずは基礎体力をつけることです。ラグビーの練習では手抜きをせずに自分を鍛えてください。

実戦では気持ちが大切です。**世の中では不思議なことに、本当は強くもないのに勢いや、自分を強そうに見せるだけの人（虚勢とかはったりとも言いますね）が、強いと思われることがよくあります。**それは性格や気の強さなどによるのですが、強い心を持つというのは日頃から鍛えることで可能です。言葉で強い心を持つと言われても、なかなか持てないと思います。だからこそ、自分を厳しく鍛えるのです。人より強くなるには人より鍛えることしかありません。努力することで、強くなるのです。「なりたいなあ……」ではなく、「強くなるんだ！」と自分と約束することです。心の底

から強くなろうと真剣に思えば、いくらでも強くなるのですが、その前にルールを守ってください。みたっちゃんが言うルールは、

・相手より多い人数でやらない（卑怯です。日本男児のやることじゃありませんね）
・相手が抵抗できなくなったらやめる
・むやみにやらない
・はじめから弱いとわかっている人を相手にしない
・群れない（群れる人には本当に根性のある人、強い人はいませんでした）
・大ケガをさせないという加減を考える

守れますか？　お父さん、お母さん、お姉ちゃんのことも考えて、どうしてもというときだけ、というのを覚えてください。みたっちゃんのときは、不良生徒だけを相手にしていました（みたっちゃんは不良ではありませんでした）。強い人には独特のニオイがします。余裕もありますから、相手の足の位置や姿勢などを冷静に観察してきます。

心の底から強くなりたいなら、自分との約束を簡単に破らずに守り抜くことです。非科学的な言葉ですが、最後に支えになるものは己の根性と精神のあり方だと知ってください。決めたらやり抜く、妥協しないで自分を鍛える、そんな人間を目指しまし

ょう。ヒロキくん、みたっちゃんは決めたことは何があっても続けます。アキレス腱を切って手術した日、四〇度の熱があった日、父が亡くなった日も、やると決めた運動と勉強は休んだことがありません。

さて、根性をつけるには、自分のいやなことをするのがいいでしょう。それだと、勉強になりますか（笑）。いやなことに取り組むことが、根性をつけるのに効果的なのですよ。いやだなあ……。ということから逃げたり、ごまかしたりすることのない人間にならなければいけません。強くなるほど、周りの人には親切にしてやってください。強かったら、それができますね。

中学生くらいの間は、ケンカは技術より根性だと思ってください。いずれ、みたっちゃんはヒロキくんにもっとわかりやすいように、本にでもしてみたいと考えていますが、まずは基礎体力をつけましょう。やたらにケンカをしては、いけませんよ。ヒロキくんの手紙は、大変におもしろいです。スポーツと勉強を頑張ってください。

7月25日　サヤカより

22「私、焦っています。」

悪い報告をしなければなりません。期末テストで六番に戻ってしまいました。期待させておいて、すいません。次は、一番を目指します。宣言しときます。

私の勉強不足が原因なのはわかりきったことなのですが、「続ける」というのは難しいですね。この夏休みで、毎日勉強する習慣をなんとか身につけたいものです。欲を言えば、もっと要領よくなりたいです。

来年は高校三年で、なんか焦ってきます。周りの人が、授業で質問とかすると、自分は置いていかれるような気がしてさらに焦ります。心の底では「どうにかなる」と思っているのですが、実際はどうにもならないのです。あと一年ちょっとしかありません。プレッシャーに押しつぶされそうになります。

弟は来年、高校受験です。本人よりも、私や両親が心配しています。本人はあんまり心配していないようですが、私たちはそれ自体が心配です。

8月10日　みたっちゃんより

23「先のことを考えないで。」

六番に戻ったことは残念でしたね。私に謝ることはありませんよ。問題は一生懸命に取り組んだか、どこかで安心して手を抜かなかったかということです。そのことは、自己診断してください。

順位にこだわるのはわかりますが、中間、期末テストに対するみたっちゃんの考えは、勉強した成果がどうだったかを知る機会だということです。間違えた部分は自分の感覚と合っていたか、それとも離れていたか。各教科の自分の弱点は何かわかったのか。前回に比べて進歩はあったのか。などなど自分の力を正しく把握しているかということをすりあわせるリトマス試験紙なのです。わからない、あやふやな部分は、今のうちに間違えておきましょう。誤答をノートに書き出し、自分の弱点をあぶり出してくださいね。テストなんて、そうやって間違えた箇所を把握して、次からは正しい答えを出せるようにするために利用すればいいのです。そうして自分の苦手な部分を減らしていけば、自ずと順位も上がりますし、勉強の正しいフォームも身につきます。それを前提として、狙うなら一番を目指しましょう。「宣言しときます」とのこと、みたっちゃん、しかと承りましたよ。

サヤカさん、どこが悪かったたか、自分でわかっていますか。ただ「悪かった。できなかった」では次の進歩はありません。自分を反省し、分析し、改善するときは自分を甘やかさずにやりましょう。勉強不足が原因ということなので、次はしっかり取り組んでください。

「続けるというのは難しい」ということですが、すぐにできることはありません。人はどうしても自分を甘やかします。今日くらい、いいだろう。ちょっとくらい、いいだろう。明日やればいいや、と。そうなると、十中八九ダメになります。何かをするとなれば自分と約束をするということです。自分が相手ということは、誰が見ていなくても己は知っています。自分との約束、誓いを破ってはいけません。大人にはそのような人がたくさんいますが、若い頃から自分を裏切り、約束を破ってきたのです。その結果、夢はただの夢、希望も単に空想で終わる人生を歩むことになります。

サヤカさんが、今やっていることは、大人になっても習慣となって残るのです。よい習慣であれば、山村サヤカという人の人生は、夢や目標に向けて努力を怠らず、自分の世界を広げられる人生になるでしょう。そして、よい習慣が自信や喜びを運んできてくれます。しかし、悪い習慣だとしたらどうでしょうか。できない言いわけばかり探し、何をやっても途中であきらめる……。自分を信じられず、何となく生きているだけの人生、何よりも自分の中にあるはずの能力と可能性を使うこともなく過ごすのです。これを自分への背信、裏切りと言いますが、さびしいことだと思います。

焦っているとのこと。気持ちはわからないではありませんが、**焦りは自分の心が勝手に作るものです。焦って効果の上がることは何ひとつありませんから、「焦る暇があったら、英単語のいくつかでも覚えろ」と自分に言い聞かせてください。**

プレッシャーに押しつぶされそうになりますとありますが、正常な反応で安心しました。「えっ!」と思ったかもしれませんが、本番までまだ一年以上もあるというのに、今からそう感じるのなら大いに有望です。**人は真剣に考えはじめたとき、不安が湧き上がります。問題はそれに囚われ過ぎることです。**全くプレッシャーを感じないというのも考えものですが、プレッシャーとは上手に付き合ってください。

サヤカさんの周りにも、不安を抱えている人は多いのです。それを表面に出さないだけで、同じような不安を持っています。不安というのは考えだしたらキリがありません。とくにサヤカさんは不安を抱きやすい性格なのですよ。自分で悩みを大きくし、不安を作り出す面もあります。「大丈夫だよ」と言われても、なかなか不安の消えないタイプなのです。

ここで大切なことは、自分の心を偽って無理して不安を消そうとしないことではないでしょうか。不安にばかり囚われて、肝心の勉強に集中できないのでは、不安が現実になることもあります。目の前にあること、やらなくてはならないことに全力で取り組むことを何よりも優先してください。先のことを考えず、目の前のことだけを考えるのです。サヤカさんは真面目にコツコツやる性格を持っています。みたっちゃんなら、サヤカさんの現状を知っているだけに、毛ほども不安なんか感じませんけどね。

不安屋を脱する一番の方法は結果を出すことです。そのためには、「正しい方法」で地道に努力を重ねることしかありません。やるべきことを精一杯やり、後は天に任せる。やっぱり、これしかないのです。正しい方法で毎日、続けること。この感覚さえ身につけてしまえば、大人になって社会へ出ても、たいていのことはやり抜けるものです。できるまでやること、途中であきらめないこと。**方法で悩むのはいいですが、続けるかどうかで悩んではいけません。決めたら最後まで続けること、遅くても人より時間がかかってもいいのです。**

失敗する人というのは、何についても自分に悪い方向に考えるだけではなく、その考えの虜になって行動しない人です。不安について考える時間があれば、目の前にあることをやってください。


周りの人が授業中に質問をすると自分は置いていかれるような気がして、さらに焦るとのことですが、そのことについても考えてみましょう。

もし、サヤカさんが授業中に質問したかったのに、内向的な性格が理由できり出せなかったとしたら、それは損ですよね。中学、高校とみたっちゃんのクラスにも内向的、引っ込み思案の人がいました。親しい何人かの人とは話ができるのに、クラス全員になると、下を向いたり、声が聞き取れないくらい小さくなるのです。先生が「元気出して」とか、「大丈夫だよ」と言うほど、体も小さくなっていくようでした。サヤカさんはどうですか。

ただ、この点についてはそれほど気にすることはないですよ。大人になるにつれて、友達が変わり、いつの間にか社交的になる人もいます。それに今のサヤカさんが人前で積極的に話ができないとしても、それはサヤカさんの個性です。実際、そのような人は少なくありません。誰か一人でも二人でも相手によっては話ができるなら無理に直したり、気にしたりすることはないでしょう。周りの人が、「もっと積極的になりなさい」と言っても、サヤカさん自身が心の底からそう感じていなければ変わりません。人にはそれぞれの性格がありますから、生活に支障がない限り、いいのではないでしょうか。

サヤカさん自身が「変わらなきゃ」と考えているならば、まずは親しく話せるクラスメイトを一人ずつ（全員でなくていいのですよ）、増やすことです。今、サヤカさんと話をする友達がいれば、その友達の友達からというように、話す機会を一日に一回でもいいから作ってみましょう。ただのあいさつ、スマイル、あいづちだけでもいいのです。相手の反応は期待しないで、毎日続けてみることを勧めます。すぐによい結果が得られると思ってはいけません。

すぐに何とかなる、何とかしたいと焦らず、少しずつ、めげずに続けていると、友達というのは、ある日、一気に増えるのです。**でも、サヤカさん、孤独の魅力もいいものですよ。人間が生きていく基本は「一人」ですし、孤独の時間というのは、自分の内心と話したり、己をよく見たりできる、貴重な時間といえます。**誰にも邪魔されず、何かに没頭することもできますし、他者に気を遣うこともありません。みんながどうだからではなく、自分は本当はどうしたいのかを考えてから実行してください。

サヤカさん、考えるということは与えられた情報を覚えるというだけではなく、自らの頭で積極的に考えるという面もあるのです。

あと一つアドバイスをさせてください。最悪の事態となった場合、サヤカさんはどうしますか？　たとえば、次の試験でもっと順位が下がってしまう、といったケースです。そのときに取るべき行動をノートに書き出しておいてください。そのとき、自分が取るべき道を考えてみるといいでしょう。最悪の場合にどうするかを決めておけば、あとは余計なことを一切考えずにやるだけでいいのです。自分の能力を信じてください。

長くなりましたが、みたっちゃんはサヤカさんを信じています。サヤカさんのこれからを楽しみにしていますからね。

第3章

みたっちゃんとサヤカ、ヒロキの手紙

死刑でも構わないと思いました。

何が正しいのかと
日々、考え続けています。
いつどうなるかわかりませんが、
生きている間はよいことをしたい。
正しい心で終わりたい
という希望です。

9月18日　ヒロキより

24「『一瞬の風になれ』、読みました。」

この前の体育大会で、学級対抗リレーでは一位を取ることができました。棒倒しは二位でしたが、僕は棒の上に登れたので、気持ちよかったです。

送ってもらった『一瞬の風になれ　第一部』がおもしろかったので、今『一瞬の風になれ　第二部』を読んでいます。

ところで、このあいだ熱を出してしまい、中学三年間無欠席がパーになりました。また、僕は遊びに行くと、すぐにケガをしてしまいます。今日も野球をしていてケガをしました。生キズが絶えなくて、化膿したりします。どうすれば、早くケガが治りますか？

9月21日　サヤカより

25「人を殺すだけの理由があったのですね。」

九月は、文化祭と体育祭がありました。文化祭では、劇と合唱で、中一から高二までが学年で競い合います。劇は中二が優勝。これはすごいことです。私たち高二の劇には何が足りなかったのか考えました。テーマが「死」で難しかったことと、脚本が淡々としていたのかと思います。合唱は高二の優勝でした。

体育祭では、私は赤組でしたが、白組の圧勝でした。私が出た種目は赤組の勝ちだったのですが。来年は最後になるので、優勝したいと思います。

みたっちゃんの事件の本を読みました。人を殺すほどの理由があったのだと思いました。

9月30日　みたっちゃんより

26「本は無理して読まないで。」

体育大会、頑張りましたね！　棒倒しの写真、新聞に大きく載ったのですね。お母さんがコピーを送ってくれたので、見ましたよ。あんなに大きい写真は、よい記念になったことでしょう。前世は猿だったのかもしれませんね（笑）。

『一瞬の風になれ』、おもしろい本でしょう。文章もわかりやすく、主人公や登場人物も爽やかで、青春という言葉を感じさせてくれる本です。どうですか。マンガの本もいいけれど、活字の本も悪くないでしょう。これからもヒロキくんが読めそうな本を送りますから、はじめだけでもパラパラと読んでみてください。ただし、**少しでもおもしろくないと思ったら、絶対にそれ以上、読んではいけません。**そのときは、また違う本を送るので待っていてください。

本というのは知らない世界を教えてくれたり、ときには心を激しく揺さぶってくれます。『一瞬の風になれ』を読んで、ワクワクしたり、ドキドキしたりしたでしょう。**本はヒロキくんに別の世界のことを教えてくれます。人はたくさんの選択を重ねて生きていきますが、そんなときに多くの世界、物事についての予備知識があれば、選択の手助けになるのです。ヒロキくんは部屋にいながら、世界中のどこにでも、いつの時代にも旅することができます。驚いたり、悲しんだり、喜んだり、感動したりと、あらゆる感情を持てるのです。**

みたっちゃんは小さな頃から本の虫で、毎月一〇〇冊から二〇〇冊の本を読んできました。今でもここでそれくらい読んでいます。その中でも中学生のときに読んだロマン・ロランの『ジャン・クリストフ』は強烈な印象を与えてくれたものです。

正確ではありませんが、「人は自分にしかなり得ないものにならなければならない」という言葉を知ったときに、大きな衝撃を受けました。あれから何十年も経っていますが、あのときの衝撃は忘れることなく、みたっちゃんが努力をする強い動機になっています。

ほかにもブルース・リーの本を読んで、「忘れるまで覚える」という言葉を知ってから、反復するということにこだわるようになりました。「忘れるまで覚える」というのは意識せずとも自然にできるまで徹底するということです。

似たような言葉では、宮本武蔵の『五輪書』の中に「千日の稽古を鍛と言い、万日の稽古を錬と言う」という言葉もありますが、ともに「やり続ける、あきらめない」ということを表しています。これがみたっちゃんの生活の中で大きなテーマです。

人生は一つを選ぶことによって、ほかは捨てなければならないことが数多ありますが、本を読むことで、知ることのできなかったであろう世界のこともわかります。ヒロキくんと本の相性によっては、強い印象を与えてくれ、人生を左右するときさえあるのです。読書は嫌いだと思っていたかもしれませんが、ヒロキくんが興味を持てるテーマの本をほんの数ページずつ読むだけでも変わっていきます。

ヒロキくんが好きな、または興味のあるテーマについての本を探せば、いくらでもありますから、読んでつまらないと感じるところまで、試しに読んでみることを勧めます。読書は読解力、表現力をつける上で役に立ちますが、ほかにもさまざまな考え方を知って、そのことについて自分の頭で考えるトレーニングにもなるのです。

本を読むことで、ヒロキくんが励まされたり、心が熱くなったりするときもあるでしょう。本を読まない、嫌いだという人は、大きな楽しみを失っていると思います。何を読んでいいかわからないときは、自分の興味のあるテーマの本の中で「短いもの」から読んでみることもいいのではないでしょうか。それで慣れたら長い物語を読めばいいのです。どんどん本を読んでいくうちに、きっとヒロキくんの世界は広がります。本を読むときは知らない言葉、漢字が出てきたら辞書で調べてくださいね。そのときに英単語と同じように、その言葉を使って文章を作ったりして覚えるようにするのもいいでしょう。

おもしろい、何か感じるものがあれば、繰り返し読んでください。ヒロキくんの友達と本の感想を話し合うのも楽しいのではないでしょうか。読書日記をつけることも勧めますが、後から読み返すと、ヒロキくんの考え方の変化や成長に気がつきますよ。繰り返しになりますが、**読んでみて、つまらないと感じたときは無理に読まないよう**

にしてください。本というのは誰かに読みなさいと言われて読むものではないというのが、みたっちゃんの考えですが、できるだけヒロキくんがおもしろいと感じる本を送ってみます。つまらないときは、つまんなかったと教えてください。今回の本は『ドロップ』です。いやにならなかったら楽しんでください。たぶん、今のヒロキくんには、おもしろい本だと思います。

さて、ケガのことですが、スポーツが好きということで生キズのほかにも、少し書くことにします。まずは一般的な筋肉に関するケガということで書きます。

捻挫・肉離れ・腱の断裂（切れること）などは、たいていウォーミングアップ不足、無理な姿勢・動作のほかに、筋肉や関節の硬さが原因です。運動や遊びの前に軽くウォーミングアップをするのも一つの対策になります。関節というのは正しく言えば、筋肉の一部です。筋肉の先端などを腱と言うこともあるのですが、トレーニングで柔らかくできるのです。もともと、筋肉の柔らかさは遺伝によるものが大きいのですが、毎日、ストレッチや柔軟体操を続けることで柔らかくできます。そうすれば可動域（動く範囲のこと）も広がりますし、ケガも防げるのです。

不幸にしてケガをしたときは、はじめは冷やし、腫れが落ち着いたら温めます。安静の後、リハビリとなれば、効果的なのは風呂やプールの中で動かすことです。みたっちゃんも膝の腱の断裂や骨折など、プールの中で動くことで早く治すことができました。

切りキズ・擦りキズは、湿らせておくことで早く治りますよ。消毒する前に傷口を流水でよく洗ってください。それくらいはちゃんとやっていますよね。

あと、筋肉を作るには、ちゃんと食べることです。タンパク質を多く含む物をお母さんに作ってもらってください。質の良い筋肉は脂肪分が少ないので、プヨプヨしています。お母さんと買い物に行くときがあれば、パック詰めされた肉の赤いところと白いところ（脂肪）を指で押せばわかるでしょう。トレーニングを続けることで、そのような筋肉が作られるのです。

ところで、ヒロキくん、勉強のほうはどうですか？　お母さんに尋ねたところ、希望の高校に合格するには五教科で一〇〇点分が不足しているとか。一〇〇点を五教科で割れば一教科あたり二〇点ですが、実際は得意・不得意があるので、バランスを考えなければなりませんが。ちょっと目を離したら、もう寝てるそうで、みたっちゃんは笑っています。健康的であり、野生児でいいですね。でも、希望の高校に入るために点数が不足しているなら、少しはやってみましょうか。あとでたくさん笑えるように、今、頑張るのです。そのうち……なんていうのは、やれません。

「ああ、やっとけばよかった……」

こうならないように、今からはじめなくてはなりません。少しだけ、頑張ってみましょう。

先日、送ってくれたお姉ちゃんと写っている写真、立派な体格になりましたね。とくに腕の筋肉、手首のしっかりした骨格が目立っていましたが、お姉ちゃんより大きいのだから親切にしないといけませんね。みんなで作ってくれた特大の誕生日のカードも大切にします。みたっちゃんの宝物になりました。本当にどうもありがとうございます。

三年間、無欠席の件、残念でしたね。無欠席というのは、なかなかできるものではありません。これからも無欠席を心掛けてください。

それでは、何にでもしっかりと取り組んでください。

9月30日　みたっちゃんより

27「殺人事件のこと、話します。」

文化祭、楽しみましたか？　高二の劇はテーマが「死」とか。随分、難しいテーマを選びましたねえ。これは大人でも適確に表現できないことです。脚本ですか……。凄いですね。みんなで一つのことに向かって何かをするということは尊い経験になったと思います。みたっちゃんの頃とは違うんですね。合唱では何を唄ったのでしょうか。サヤカさんは普段は唄いますか。今はカラオケとか、高校生でも行くそうですね。

忘れないうちに書いておきますが、サヤカさんの誕生日の写真、ありがとうございます。想像以上に可愛い！のと誠実さが、よくわかりました。また、みたっちゃんの誕生祝いの写真とプレゼントもありがとうございます。この中に来てから、あんなことはなかったので、凄くうれしかったです。

獄の中は、家族にも見捨てられた人が大半で、誕生日のお祝いどころか、手紙も全く来ない人ばかりです。そのような中で、誰かが自分の誕生日を祝ってくれるというのは、特別な思いが湧きます。本当にありがとうございます。五一歳。年だけを聞くと、おじさんですね。本人はその自覚がないのですが、立派なおじさんになりました。

「みたっちゃんの事件の本を読みました。人を殺すほどの理由があったのだと思いました」というサヤカさんにお答えします。当時のみたっちゃんは、事件を起こすだけの「理由がある」と信じていました。相手（被害者）が、なぜ、何もしないみたっちゃんの領域に入るのか、勝手なことをして平気なのか、全く理解ができなかったものです。また、もう一人の相手（被害者）も、どうして約束を守らないのか、すべきことをしないのか、理解できませんでした。それまでのみたっちゃんは、「約束は何があっても守る」「関係のない人に迷惑をかけない」などという信条を守って生活していました。自分で言うのは変ですが、みたっちゃんは老人や障害のある人、子供にはとくに親切でした。ただ、ずるい人やウソつきには強い嫌悪感を覚えたのです。

このことは自分の中で抑えるべきことなのに、外に出してしまい、結果としては人を殺めたことは、どんなに非難されても仕方ありません。みたっちゃんの父は、とても変わった人で、みたっちゃんが子供の頃から、約束の大切さ、ウソを言わないことを厳しく躾けてくれましたから、みたっちゃんは、人は約束を守るもの、守れないときはそのことを認めて謝るものと考えていたのです。

みたっちゃんの事件は金や性欲が目当てでもなく、その場でカッとなってやったわけでもありません。相手に数回、警告を繰り返したあと、それでも変化がないために実行しなければならないという思いで命を奪いました。もちろん、そのことについて考える時間も十分にあったし、誰かに言われたわけでもありません。主体的に自分が行動を起こした結果です。罪悪感はありませんでした。人の命を奪うことは悪いことと知っていましたが、それだけの理由があると考えていたからです。

二人目の事件のときは、実行すればみたっちゃんが犯人だとすぐわかる状況でした。二〇代でしたが自分で金融業をはじめとして、いくつかの会社を経営していたこともあり、事件によって自分が社会にいられなくなることも考えてみたものです。結局は、それがいやで「自分の意思を曲げるのは卑怯だ」「決めたことは貫くのが自分の生き方だ」と思って実行しました。

裁判前には父が高名な二名の弁護士を選んでくれましたが、みたっちゃんはその先生たちに、「死刑でも構わない。ただ、なぜ、そうなったかはっきりさせたい」ということを伝えたのです。死刑でも構わないと思った理由は、人を殺めることは悪いことだと自覚していたので、今度は自分がそうされてもおかしくないと思ったからです。「自分はするけど、同じことをされるのはいや」というのでは筋が通りませんから。

また、みたっちゃんは常に目標を作り、それに向かって努力する、取り組む、という生き方をしてきたので、刑務所に入ってそれができなくなるのであれば、この世にいる意味がないと考えたのです。父より先に逝くのは父に悪い気がしましたが、父はすでに高齢でしたから、仮に死刑判決が出ても、控訴や上告をして時間を稼ぎ、刑が確定してから執行されるまでの平均時間（当時は約八年）を考慮すれば、父が生きている間は執行されないと思いました。

みたっちゃんが本当の罪の深さ、自分の行為の誤りに気がついたのは裁判の後半になってからでした。きっかけは、二人の弁護士の先生との話を重ねているうちに、人の考え方の多様性について教えられたことと、法廷で検察官の話を聞いているときに、突然、事件の際の相手の立場が浮かんできたことです。この点では弁護士の先生との出会い、つまり、人との出会いが大切だったと今でも思っています。それまでのみたっちゃんは、自分が正しいかどうか、いつも考えていたつもりでした。損得よりも正しいかどうかを大事にしてきたつもりだったのです。その分、相手の立場になって考えることが少なかったのだと知りました。

とくに約束を守らなかったり、きちんとしていないと感じたりしたときには、相手の事情を忖度（気持ちを推し量ること）することがなかったのです。自分は間違えるはずがない、どう考えても相手だけが悪いと妄信して、事件を起こしたことに気づきました。「大変なことをしてしまったんだ」と愕然となったものです。それまでも、みたっちゃんは反省していると思っていましたし、裁判では少しでも罰を軽くするための言いわけもしませんでしたが、本当の罪は別のところにあり、遥かに深いものと知りました。自分では見えているつもりでも、大事なことが見えていませんでした。

そのときからようやく、相手と遺族のことを考えはじめたのです。くわしい経過は著書にある通りですが、「とんでもないことをした。取り返しがつかないことをした」と思い、己への罰として仮釈放で社会に出ないと決めました。

殺人という罪に償いはありません。なぜならば相手を生き返らせることができないからです。加害者が罪を悔い、深く反省すれば赦される、相手のことを供養すれば赦される、加害者が更生すれば罪も軽くなる……などといろいろ言われていますが、すべて違います。それらの言葉は人の情けにあふれていて、寛大な精神を表していますが、一方では被害者と遺族に対する配慮に欠けているのです。事件の被害とは関係のない第三者の言葉としか言えません。愛する家族を奪われた遺族のことを鑑みれば、表面的な言葉でしかないのです。償いはない、謝罪とは何か、ということについて現在も考え続けていますが、自分が取るべき道は、「二度と社会に出ないこと」にしました。これは、みたっちゃんが刑務所に入るために、あるいは殺人犯になるために育てられたのではないという両親への思いと、社会で目標を追って生活することが最大の生き甲斐だったことを合わせて考えると必ずしもベストではありませんが、ベターだと思って決めたことです。そこまでしても到底謝罪にはなりえません。

今も「自分にしかなり得ない自分になるぞ」と思って生活しています。残りの人生は社会や誰かのためによいことをしていきたいと思ったのです。ここでは、誰もが「刑務所に入ったのだから何もできない」と考えて行動しません。何かのために、誰かのために、将来のために努力する人も滅多にいません。さびしい人生だなと思います。みたっちゃんは自分の中にある能力や可能性をできるだけ引き出してみたいのです。

いつも言うように、やり続ける、あきらめないという生き方を変える気はありません。自分に何ができるのか、今もあれこれと模索していますが、言葉だけではなく行動で示したいのです。ただし、みたっちゃんが、どんなによいことを重ねても罪は軽くならないし、赦されません。人の命を奪うということは、そういう罪なのです。「それでは救いというようなものがないのでは」と言ってくれる人もいますが、現実に被害者と遺族のことを思えば、救いなんてものはあってはなりません。みたっちゃんがよいことをしていくということと、犯してしまった罪は別のことになります。

　みたっちゃんの近くにも「社会へ出ないとしたことで償ったと思ってるのじゃないか」「本など出して、余計なことをしないで反省だけしてればいい」と言う人がいますし、その人の言うことは間違いではないとも思うのです。何が正しいのかと日々、考え続けています。いつどうなるかわかりませんが、生きている間はよいことをしたい。正しい心で終わりたいという希望です。

　自分の立場で何ができるのだろうか。どうすることがいいのかと思いはいろいろですが、まずは毎日を勤勉に過ごすということにしています。これは長い間の習慣ですから。みたっちゃんのことで疑問に感じる、わからないことがあれば、いつでも訊いてください。大人になる上での参考になるように、きちんと説明していきたいと考えています。

10月13日　サヤカより

28「私、医学部を目指します。」

ご返事ありがとうございました。みたっちゃんの事件のこと、置かれた状況はよくわかりました。

さて、私は朝型がいいと思って、さっそく今日は四時四〇分くらいに起きました。起きたといっても、目覚ましは聞こえず、父に起こされたのですが。

中間テストが返ってきました。数学Ⅱ八九点、数学B九七点、英語Ⅰ八六点、英語Ⅱ八四点、生物八五点、日本史八五点でした。数学と英語が、こんなにいいなんて。とくに数学Bは、問題の読み間違いで三点落としましたが、それがなかったら一〇〇点でした。今回、数学はしっかり勉強したのです。

ところで、みたっちゃん、今からとんでもないことを宣言します。第一志望を医学部医学科に変えました！　夏休みの間にお産を手伝わせていただいた助産院の先生から、今は助産師だけでは開業できず、嘱託医が必要だと聞いて、それなら助産師より産婦人科医になりたいと思ったのです。

調べたら、国立大学の医学部でも数ⅢCのいらない大学がありました。先生には「厳しい」と言われましたが、最後まで第一志望は変えずにがんばります。

あと、来月は修学旅行があります。柄にもなく班長を引き受けてしまい、責任が重く今から心配です。でも、ちゃんと楽しんできます。

では、みたっちゃんの応援に恥じないように勉強がんばります。

10月22日・ヒロキより

29「目をよくする方法はありますか?」

実力テストの結果を書きます。国語八〇点、数学七二点、社会七六点、理科七〇点、英語五七点です。入りたい高校の定員内に入っていました。これからも、がんばっていきたいと思います。

背の高さが一六七センチメートルになりました！　もう伸びないと思っていたのに！

質問です。自分は目が悪いのですが、目をよくする方法はありますか？　近視です。

あと、体力をつけるトレーニングを教えてください。一日どれくらいの筋トレが適当ですか？　このごろ、あまり運動をしていないので、体力をつけるいいやり方はありますか？

11月3日　みたっちゃんより

30「今の気持ちを書き留めてください。」

そう、その通り！　生理学的に考えると、やはり朝型がいいのですよ。もちろん、個人差はありますが、脳も筋肉と似たようなところがあるので、休ませたあとに使うようにしてください。お父さん、早起きしてくれたのですね（笑）。はじめは慣れずに眠いでしょうが、習慣になればしめたものです。

中間テストの結果、よかったのではないでしょうか。平均八七・六点はとても高い得点だと思います。数学は惜しかったですね。今回、しっかり勉強したとのことですが、「やればできる！」ということがわかりましたね。やればできるんです！

さて、志望校を変えたとか。より大変な道を選びましたね。その志、あっぱれです！

現在の状況では厳しいとのことですが、全く心配はいりません。なぜ、心配がいらないかというと、先生は現在のサヤカさんの学力で安全に合格できるということを条件に考えています。もし、今以上に学力が伸びなかったことも考えて、安全圏の受験を勧めることは、先生としては自然ではないでしょうか。学校としても、浪人になられるより確実に合格者を加算したいのでしょうし、先生としてもサヤカさんにすんなり合格して欲しいのだと思います。

サヤカさんも**茨の道を選んだ以上、必要な努力、取り組み方を続けることを自分と約束してください。覚悟はいいですか。学力というのは、やることをしっかりやれば伸びるものです。**サヤカさんが何を考え、どのような気持ちで医学部を目指したのか、何かに書き留めるなり、家族に宣言しましょう。

「何となく入ればいいなあ」ではなく、「絶対に入るんだ！」という強い意志を持ってください。人間の取り組み方や業績は、目標に対する決意の深さや強さによって決まるということを胸に刻んでください。今なら、まだ十分に時間がありますね（あるんですよ、焦ることはないのです）。

大変だなあ、辛いなあと感じたり、いろいろな誘惑や弱い心が出てくるでしょうが、それは誰にでもありますから、自分はダメだなんて思う必要はありませんからね。そのようなときこそ、最初の気持ちを思い出して、「よし、やるぞ！」と奮起するのです。サヤカさんができる限りの中でベストを尽くすことこそが、結果にかかわらず、将来へのステップアップにつながります。

サヤカさん、合格したら勉強をしなくてもいいわけではありませんよ。目標を高くして医師を目指すのだから、合格すれば、それに見合った学習が要求されます。むしろ、入学してからの勉強のほうがずっと大変です。そのために今からトレーニングすると思ってください。目標が高いのですから、勉強したからといってすぐに効果が表れないことが多いはずです。そのときに決して不安になったり、焦る必要はありません。忘れてならないことは、「絶対にやり続けるのだ！」ということです。

不安や焦りを感じる時間は、サヤカさんにはありません。そんな時間があれば勉強に励んでください。**道を決めるまでは迷っても構いませんが、道を決めたあとは、もう迷ってはいけません。**サヤカさんが、医学部へ合格するシーンをイメージしましょう。ぼんやりではなく、具体的にです。合格発表で喜ぶ自分。早速、お父さん、お母さん、ヒロキくんに報告している自分。いつものようにお母さんは娘さんのように体いっぱいで喜び、お父さんとヒロキくんはそれを見て笑っています。毎日、自分が合格したシーンを思い描き、コツコツと地道に勉強を続ければ、自ずと合格の道が開けるものです。

やみくもに進むのではなく、必ず自分の弱点を冷静に分析してください。それもしないで、「ダメだ」「不安だ」というのでは、自分で自分の足を引っ張っているのと同じです。世の中で失敗する人の大半はこのタイプの人です。自分で決めた目標を達成できない人というのは、誰のせいでもなく、自分で勝手にできないように行動する人だと覚えておいてください。サヤカさんが今、やることは「弱点を見つけて潰していく」、たったこれだけのことです。

心の持ち方についても、不安ばかり考えてはいけません。不安を感じようが、感じまいが結果は変わりませんし、感じすぎるとかえって自分の能力を引き出せなくなるだけです。やることをやる、最善を尽くす、あとは天に従う。これでいいのです。

みたっちゃんは少し頑張れば合格する大学を選ぶより、難しい大学を狙うほうが、自分を鍛える上で格段にプラスだと思っています。人は少し頑張ればできそうなことにはトライしますが、かなり頑張っても実現できないのではと思うことは避けるものです。それをあえてトライするサヤカさんを称え、応援しますからね。

医師になるということは、人の命に携わることですから、冷静で強い心を養わなければなりませんね。今のうちから、そのことを念頭に置いて生活してください。自分の学力の欠けてる部分を探し、それを補強する……その繰り返しです。サヤカさん、自分で自分の壁を作ってはいけません。サヤカさんの長所は真面目さであり、これが最も強い武器です。

修学旅行、楽しみですね。班長ですか、いいですよ。そういうことは、どんどん引き受けましょう。責任が重く、心配とのこと、それはサヤカさんが真面目な性格ゆえに感じるのです。大丈夫。いざとなればサヤカさんは、ちゃんとやる人だから、心配いりません。みんなと楽しむこと、あとから振り返って、「ああ、本当に楽しかった！」と思える旅行にしてください。

みたっちゃん、ガンガン応援してますから、常に目標を意識して頑張っていきましょう。何があってもあきらめずにやることだけを考えてください。

11月3日　みたっちゃんより

31「まず、背筋を伸ばしてください。」

テストの結果、おめでとう！　これで安心せずに、どうせなら上を目指してみたらどうですか？　ヒロキくんは、やればできるのだから、ギリギリではなく、堂々と上を狙ってみませんか。自信がつきますよ。

学校の勉強というのは、習う範囲が決まっているので、正しい方法と勤勉さがあれば、満点に近いものとなるのです。でもよい点数を取ることよりも、己の志を高く持って、自分を励ましてやり遂げることが目的となります。**つらいなあ、いやだなあ、そういうことほど、自分を鍛えてくれるのです。**

目が悪いというのは、すぐにわかりました。なぜならば、先日、お母さんに送ってもらった、ヒロキくんの勉強中の姿を見たからです。姿勢が悪く、背筋も曲がり、首から上も傾いていますし、ノートや教科書に顔が近づきすぎています。あれなら目を悪くするのもあたりまえです。まず、背筋を伸ばしてください。座り方も骨盤をまっすぐに立てて、背筋を伸ばします。ノートや教科書などから目を離してください。はじめは慣れないので、変だなあと感じますが、これも続けることとです。

目は毛様筋という筋肉の働きで、水晶体（レンズだと思ってください）の厚さを変えます。近視も遠視も、毛様筋の働きがうまくいってないことによってなるのです。ときどき（一時間に二分程度）、遠くを見たり、目玉をぐるぐる動かします。ほかにも目の周りを軽く押したり、蒸したタオルで温めて、血行をよくしてください。

矯正の仕方の一つとして、大きな画用紙に点①から⑧を書き（上段は左から①②③④、下段は左から⑧⑦⑥⑤です）、一〇メートルくらい顔から離して、①から⑧へと、点を二〇秒ずつくらい見ていきます。次は①⑧④⑤④⑤⑧①の順に見るようにしてください。毛様筋のストレッチです。これを繰り返す（三分間から五分間）ことで、毛様筋を柔らかくできます。朝と夜にやってください。毛様筋をいろいろな方向に動かすということがポイントです。いつも下を向いている目を、力いっぱい、上、斜めに向けます。六カ月は続けてください。遠くを見るのも忘れずに。姿勢も大切ですよ。

身長はまだ伸びるでしょうから、成長が止まってから筋トレをやりましょう。筋肉をつけることは、いつでもできますが、身長は今でないと伸ばせません。朝・夕・夜と拳で全身を叩くなどして、リンパ液の流れをよくします。お母さんに頼んで、カルシウムとタンパク質を摂ってください。六カ月後にまた身長を測って、伸びていなければ筋トレを教えましょう。

今はとにかく柔軟性を高めるために、ストレッチをしてください。柔らかい筋肉と関節は、全てのスポーツに有効です。常に血行とリンパ液の流れをよくするようにしてください。そして、よく眠ること。成長ホルモンは眠ってから出ます。

先日、送ったボディビルのDVDは、「こういうやり方もある」という参考のためです。みたっちゃんは、変わった父のせいで、小学校の頃からバーベル・ダンベルでトレーニングしたので、筋肉の塊になりましたが、早くに身長の伸びが止まってしまいました。中学入学のときと今は、二センチメートルしか変わってません！「ああ、何にもいらないから、背が欲しい」と、どれくらい思ったでしょうか（笑）。それだけに、ヒロキくんには焦らず、まずは背を伸ばしてもらいたいです。

体力をつけるトレーニングですが、いろいろある中で五〇メートルダッシュでもやりませんか（今はシャトル・ランと言うのでしょうか）。ペース配分は一切してはいけません。はじめからラストまで全力で。今は勉強もあるでしょうから一〇本からせいぜい二〇本をやってみてください。これが時間のわりに効果的です。

それでは、しっかり勉強して、いっそトップ合格でも目指してみましょう。自分の自信のためにね（笑）。いつも、みたっちゃんは応援しています。苦しいときこそ、頑張って！

11月13日 サヤカより

32 「先生が、あきらめなさいって……。」

この前の駿台模試の結果が返ってきました。第一志望の医学部はD判定でした。看護大は全てA判定です。担任の先生からは「医学部はあきらめたほうがいいんじゃないか」というようなことを言われ、少しショックでした。でも、私はあきらめるつもりは全くありません。

話は変わりますが、修学旅行は楽しかったです。マレーシアでのホームステイでは、ホストファミリーがとっても優しくしてくれました。ご飯は全部カレーでしたが、いずれも種類の違うカレーです。昼はカレーらしいカレーで、夕食は黒っぽくて甘いカレー、翌日の朝は赤いピリ辛のカレーで焼いた卵をちぎって入れて食べました。

シンガポールの国立ラン園は、本当にきれいでした。プリンセス・マサコという名前が付いたランもありました。ナイトサファリもよかったです。アジアゾウやアジアライオン、インドサイなど珍しい動物も見られました。いろいろ経験できて、良い修学旅行でした。

11月20日　ヒロキより

33「高校でしたいことがありません……。」

また背が伸びて、父を抜かしました。今も、五〇メートルダッシュを一〇本と柔軟体操は続けています。

僕は、一応志望校はこのあたりでトップの公立高校と言っていますが、そこに行く目的がありません。その高校で何をしたいのか、わからないのです。今やりたいことは、「SASUKE」というテレビ番組に出ることです。とっても体力のいる競技ですが、予選を突破して出たいです。

勉強はあんまり苦痛じゃないけれど、第一志望の高校に行って、勉強についていけるかどうか心配です。

12月7日　みたっちゃんより

34 「伸びる人と伸びない人の違いがわかりますか?」

修学旅行、楽しくてよかったですね。若いときに異なる文化と接することは、貴重な財産です。一般的にアジアの国々はホスピタリティに富み、親切な人が多いと言われています。食事は、ちゃんと食べましたね。ランというのは、華麗な雰囲気をまとった花です。送ってもらった写真を見ると、みたっちゃんまで行った気になりました。髪を短くしましたね、似合っていますよ。ホワイトタイガー、格好のいい動物ですね。子供が可愛いので飼ってみたいと思いました(笑)。ちゃんと班長としての責任を果たせましたか。みんなのまとめ役をすると、相手の違う面が見えることもありますし、自分の中で気づいてなかったことに気づくときもあります。これからも機会があれば、どんどん引き受けましょうね。この世に生まれてきた以上、自分の中にどんな能力や性格が潜んでいるのか知るチャンスです。やってみれば、どうってことなかったでしょ?

模試の件、D判定は少しも残念ではありません。なぜなら、今からA判定など出たら、逆に油断する可能性があるからです。Dから一つずつ、評価を上げていく！　そう考えたら楽しみではないですか。

　そんなことより、「担任の先生からあきらめたほうがいいんじゃないかと言われたのに、あきらめるつもりは全くありません」という言葉と心が立派でした。その意気です。その意気で突破しましょう。Dからどうやって上がっていくか、そのプロセスを楽しんでください。

　前にも書きましたが、点が足りないときは、どこがどのように悪いのか分析してください。合格レベルに達するために、学力や点数がどれくらい不足しているのか、それをどのように補うのか、感情ではなく論理的に考えることです。単に**感情的になり、ダメだった、悪かったと落ち込むことは絶対にしてはいけません。**他人になったつもりで、淡々とチェックしてください。

　みたっちゃんは、昔、営業マンをしていました。日本一になるんだと誓って頑張り、一二カ月連続日本一を続け、二〇歳で支社長になりました。たくさんの営業マンを指導しましたが、伸びる人と伸びない人には決定的な差がありました。その差は、素質や知能の良し悪しよりも、自らの失敗や非を虚心に見つめることができるかどうかでした。また、**顧客の「ノー」が重なると、ただ暗い表情で落ち込むだけの人と、どこがどのように悪かったのか、ノート片手に訊きにくる人に分かれていたのです。自分の弱点、未熟さに落ち込むことなく、どのように強化するのか、そのことに注意を向ける人はやがて伸びていきましたが、単に自分はダメだ、また断られるのではないかと自己否定ばかりで過ごす人は辞めていくしかありませんでした。**いくら素質があっても、自らを他人のように客観的に見つめられない人は向上できなかったのです。それともう一つ。人は自分が望んだからといって、すぐにその通りになれるわけではありません。いや、すぐにできる（なれる）ような目標では本人の成長は期待できないのです。

自らを冷静に分析するというのは大人でさえ満足にできる人は少ないといえます。それだけに今のうちに、これができるように訓練を重ねてください。できないことを悩むのではなく、どこがどのように悪かったのか悩みましょう。

サヤカさん、いいですか。人は志があっても、途中で何度も迷い、くじけそうになります。それは当然のことです。その度に何が苦しいのか、何がうまくいかないのか、自分で分析してそれを克服してください。もし、どうしていいかわからなくなったら、みたっちゃんに連絡をください。

　サヤカさん、本番は受験の日ではなく、今現在の毎日の過ごし方だと考えましょう。**苦しいときに淡々とやるべきことをやり抜けば、目標は必ず達成できます。うまくいかないとき、疲れたとき、大丈夫だろうかと不安になったときこそ、次のレベルに上がるタイミングだと考えてください。**正しい方法で怠けることなく続ければ、間違いなく結果は出ます。

「これだけやったのだから」「あれ以上は無理、悔いはない」と感じられるくらいやってみてください。それだけやれば、あとは天命に従うだけです。

　サヤカさん、人生はまだまだ長いのですから、今から己を律することを身につけてください。サヤカさんの持ち味は、速く走ることではなく、一つ一つ着実に歩みを進めることです。焦る必要はありません。休むときは、さっさと休む。やるときは、しっかりとやる。この切り替えを覚えてください。睡眠はきちんと取れるようにスケジュールを組んでみましょう。自分に最も有効と感じられる時間帯で生活してください。

　お母さんからの手紙によると、「K大医学部は私のためにある」と断言したそうですね。その心掛けがあれば、サヤカさんは頑張れます！　みたっちゃんも「そうだ！」と心の内で叫びましたよ。勤勉であること、あきらめないこと。これを常に念頭に置いて、自分で自分を裏切ることのないように、悔いのないようにしましょう。サヤカさんが、やるべきことをやればいいだけですよ！　頑張ってください。

それでは、良い年を迎えましょう。

12月7日　みたっちゃんより

35「体と精神を鍛えに行くのですよ。」

お父さんを抜きましたか。まだ、伸びるでしょうね。五〇メートルダッシュを、ちゃんとやっているのは感心です。ヒロキくん、やるじゃありませんか。その心掛けを忘れなければ、やろうと思ったことは何でもできますよ。みたっちゃん、楽しみです。志望校、トップの学校にしましたか。ちゃんとやれば心配ありません。

前にも言いましたが、五〇メートルダッシュはペース配分してはいけませんよ。一本、一本、全力です。そうでないと本物の力がつきません。みたっちゃんも中高時代はやっていました。一〇〇本とか二〇〇本です。二〇〇本は、さすがに終わると歩くのも大変でした。ほかのみんなは一〇本、二〇本のレベルです。何でもほかの人ができないくらいにやれば、大きな力がつくということを小さい頃に発見しました。スタミナがつき、相手が一〇人以上いても、ケンカのときは疲れませんでした。気をつける点はとにかく一本ずつ、全力でやることであり、本物の力をつけることです。インターバルを二、三分にしてもいいから、手を抜かないでやりましょう。後で効果がわかります。ペース配分をして数だけこなす（こういう人が多いですがニセモノです）のは体力がつかず、その精神もニセモノです。

本は、『走れ！　T校バスケット部』を送ってみます。おもしろかったら『2』もあります。今は活字に親しむためにヒロキくんの興味のありそうなもので、文章もわかりやすいものにしているつもりです。ハズれたら言ってください。少しずつ慣れたら、いろいろな本を読んでみましょう。世界がパーッと広がります。

さて、高校へ行く目的が、今のところないとのことですが、それを考えるだけ立派です。多くの人は、まず合格することしか考えていません。そのようにすでに入ったと思えるところが、ヒロキくんの長所なのです（笑）。本当にヒロキくんは、おもしろいキャラクターだと感心します。高校に入って何がしたいのか、わからない……。はい、まず自分の体と精神を鍛えることです（頭もですよ）。高校に入っても、自分に楽をさせないように鍛えましょう。

SASUKEですか。みたっちゃんも、かなり前に、この中でテレビを見ました。あの番組は人気があるらしく、ここではよく見せていたのです。みたっちゃんと同じ部屋だった人や工場にいた人は、みたっちゃんならできると言います。できるかどうかは、やってみなくてはわかりませんが、体力を考えると自信はあります。瞬発力・筋力・持久力・構想力など、必要条件を満たしていることと、必要な努力を怠らないからですが、やってみたいです。

それでは、ヒロキくん。身長の伸びが止まったら、筋トレをバリバリやって、SASUKEを攻略しましょう。制覇を狙います。道は険しいですが、必要な要素を分析して、トレーニングをすれば、不可能ではありませんね。攻略には足も速くならなければなりませんし、腕力・握力・持久力などトータルで鍛えなくてはなりません。

走るのは、先日送った本とDVDで研究してください。SASUKEの常連は、相当な運動能力、基礎体力を持っています。それでも、なかなか制覇できませんから、ハードなトレーニングを重ねるほかに、技術も研究しなくてはなりません。

最後にもう一度、本のことですが、もう一冊『キッド』という本も送ります。少しだけ文章のレベルが上です。これが読めたら、選べる本が増えるのですが、おもしろくなかったらやめてください。では、しっかり、頑張ってください。

1月15日　サヤカより

36「人間、狂ったら恐ろしいですね。」

少し遅くなりましたが、あけましておめでとうございます。

みたっちゃんが送ってくれた『夜と霧』を読みました。本が来てすぐに読もうと思ったのですが、途中で挫折して、この前集中して読みました。人間はああも残酷になれるのですね。その一方で、人間はあんなに厳しい状況でも生き抜けるんだと思いました。人間は狂ったら、ひどく恐ろしいものになるのだと知りました。

突然ですが、みたっちゃんは、足を細くする方法を知っていますか？　もし知っていたら、教えてください……。

1月30日　みたっちゃんより

37「一人の人間の中に、善も悪も潜みます。」

あけましておめでとうございます。

『夜と霧』、いろいろ考えさせられたでしょう。みたっちゃんも学生時代に読んで、死ということ、人間が生きるということ、人間の強さ、魂など、さまざまなことを考える機会となりました。人間があそこまで残酷になれるということの要素の一つに、上からの命令だったということが挙げられます。その上が命令できるのは現場と離れている、現実感がないというのもあるようです。それをしなければ、己の生命や地位が危機にさらされるという思考なのですが、人はやがて慣れる生き物ですから、感覚が鈍磨していくのでしょう。その人たちも家庭に帰れば、よき夫であり、優しい父、あるいは妻であり、母だったわけです。

中には自らの意思で、より残酷なことをした人もいました。彼らナチスの隊員は、敗戦後に、ニュルンベルク裁判で自らの蛮行について多くは命令により致し方なかったと弁解した人が大半でした。後世の人々は残酷だ、悪魔だと非難しますが、もし自分がそのときのナチスの隊員の立場ならば、自らの命の危険を顧みることなく、命令を拒否できたでしょうか。みたっちゃんは、多くの人はできなかったと思います。

人間が人間をシステマティックに殺すということは何と恐ろしいことでしょうか。しかし、それを実行した多くの人たちが普通の人たちだったのです。一人の人間の中に、悪も善も入っているという例だと思います。その点では、みたっちゃんも偉そうなことは言えません。

逆にあの過酷な条件で生き延びた人、生還した人々がいますが、著者の言葉では希望を失わなかった人、夕陽を美しいと眺められる人だったとなっていましたね。人間というのは本当に強いものです。どんな境遇にあっても、己を失わず、希望を持ち続ける、悲観的にならないことで生き続けるということがわかります。サヤカさん、**人は心が描く想像の産物ですね。強く願い続ければ、実現できる、決してネガティブに考えない、これが重要なことではないでしょうか。この人間の強さ、適応力というのが、人類の進化の証ですね。**

足を細くする件、よくぞ訊いてくれました。みたっちゃん、男のくせにちょっとくわしいのです！　みたっちゃんは自分の体をデザインして、早三五年ですから、いろいろ研究していました。本や雑誌を読んで、ノートに書き留めていたので、それを簡単にまとめます。さて、結論から言いましょう。細くなりますよ！

ただし、六カ月かかる人、一年、二年かかる人とさまざまです。個人の骨格、筋肉量、脂肪量、体質、ライフスタイルと複合的な要素がありますが、ポイントは足に疲れを残さず、血液とリンパ液の流れをよくすることです。入浴時、または入浴後、就寝前など、マッサージを欠かさないようにしてください。片足、三分から五分、回数は多いほどいいのですが、一日中でなくてもかまいません。大人になると、マッサージ専用のローションやオイルを使いますが、今はそのままでいいでしょう。

必ず下から（足首）、上へとやります。両手で足を包むように握り、ほんの少し強めにマッサージしてください。皮膚を強くこすらないようにしましょう。正座したり、足の血行を悪くする姿勢はNGです。冷やすこともいけません。風呂で石鹸をつけて、よくマッサージするのもいいですよ。

リンパは股の付け根、お尻の下から上へとマッサージします。女の人の敵！　セルライト防止のためですね。リンパの流れをよくするのは、むくみや疲労（乳酸・老廃物）などを取るのが目的です。これを根気よくやるだけで大腿部など三センチメートルから五センチメートルは細くできます。気長にやるのですよ。

そして、ストレッチで膝の裏、ふくらはぎを伸ばし、毛細血管の血行も改善してください。運動も効果的ですが、できるだけ爪先で立ちます（その後のケアをしっかりね）。寝るときは毛布・バスタオルなどを、ふくらはぎから足首の下にあてて、足が一〇センチメートルくらい高くなるようにします。あまり、高くなり過ぎないようにしてください。また、足を上げてブラブラと揺らして、足の下部に溜まった（血流が悪くなっているという考え方をしてください）血を大腿部のほうに下げることも有効です。横になっているとき以外は、足の血流は重力に逆らっていることになりますから、毛細血管の血流やリンパの流れも滞りやすく、むくみの原因となります。これをちゃんとケアしないと足は太くなるのです。

風呂ではマッサージをしたあと、シャワーで冷水と熱めのお湯を交互に足にかけます。一分間ずつ交互に二、三回です。冷水をかけてから浴槽につかるのでもかまいません。それぞれ一分間程度ということを繰り返してください。

ちょっとした時間を見つけては、足首の方から大腿部に向かって、足をトントンと叩くことも有効です（腿、ふくらはぎを横・後ろから叩きます）。日常の暮らしの中で習慣にするようにしてください。すぐに効果が出ると思わずに、気長にやりましょう。

さあ、サヤカさん。志望大学合格圏内の偏差値まであと一〇くらいですよ。到達目標はそれより若干高くしましょうね。そのためにちょっとハードワークです。できるだけ勉強を普段の生活の中に入れてしまう、わずかな時間を無駄にせず、できる範囲の暗記に使う、古文はお父さん、お母さん、ヒロキくんを相手に音読です。わからないときは一人で困っていないで、先生をドンドン活用するのですよ。

毎日、どれくらい勉強していますか？　受験日から逆算して計画を立てるようにしてください。計画を立てたら、今すぐやります。楽をしようと考えたらいけません。生活の基本は勉強中心にしてください。でも、きっと医学部は合格してからのほうがハードです。覚えることが山のようにあります。なぜなら、患者さんの命にかかわることですから。今のうちから、それをクリアできるだけの持久力を養っておきましょう。自分の手で、たくさんの赤ちゃんをこの世に出してあげるのですよ。多くの人たちの喜びの場を作る仕事です。素晴らしいですよね。何と価値のある、やり甲斐のある道でしょうか！　めげたり、不安になってる暇はありません。そのことを肝に銘じて過ごしてください。

みたっちゃんは、いつでも応援しています。

九九・九九・九九％の人は、自分に甘いです。

将来頭角を現すのは、
自分の目標に向かって、日々、
着実に行動ができる人です。
ときには
遊びたい気持ちも抑えて、
己を律することのできる人だと思います。

2月6日　ヒロキより

38「合格圏内に入りました。」

県立高校の入試まで一カ月を切りました。この前あった最後の実力テストでは、あまり数学ができませんでした。けれど結果は、定員一六〇名の中で八八番目になりました。前回から一〇〇番くらい上がっています。でも、志望の高校には理数科があるので、そちらから受験生が普通科に流れてくるので、安心はできません。

柔軟を風呂から上がって、ほぼ毎日やっています。どんどん柔らかくなって、前屈で頭が足につくようになりました。

目をよくする本も、ありがとうございます。まだ表紙のカバーしか見えませんが、焦らずにがんばっていきたいと思っています。

39「自分を疑わないで！」

一ヵ月を切ったとのこと。少しは焦ってきたでしょうか？　お母さんからの手紙を読んで、中学の先生がヒロキくんを可愛がっている様子が伝わってきました。前回から一〇〇番くらい上がったとのこと、やればできるということですね。今まで、やっていなかっただけでしょう。自分でそのことに気づきましたか？

やればできるのだから、じゃあ、普段はやらなくていいか……なんてダメですよ。ヒロキくんの場合はちゃんと言っておかないといけませんからね（笑）。勉強は毎日、生活の一部だと思ってやることです。学生の仕事の一つに、勉強がありますから。机に向かうときに姿勢を正しくしてますか？　時間を区切ってやることを考えてください。常に本番のつもりで。

数学ができなかったのはどんな理由か、わかっていますか？　勉強もスポーツも、いや、何でもそうですが、ただ悪かったではなく、どこがどのように悪かったのか、第三者の視点で考えてみましょう。数学が悪くても一〇〇番くらい上がっているのなら、ほかの教科で頑張ったということですね。ならば問題集に絞って、数学を重点的にやってください。

「安心はできません」とか。ヒロキくんらしくない言葉で、何だか笑ってしまいました。そのくらいの心づもりでいいでしょう、ヒロキくんの場合は。ほかの人のことを考える必要はありません。何点を目標とするのか、そのことだけを考えてください。

ラストスパートなどと言いますが、いつもと同じペースでやりましょう。ラストスパートをすると、心も頭も余裕がなくなります。自分で自分を焦らせることにもつながります。ラストスパートをしなくてもいいように日頃からやっておくことです。直前に普段より勉強時間を増やしてもいいですが、気持ちはできるだけ、いつもと同じようにゆったりとしてください。苦手な教科を反復すること、自信を持つこと。ここまでやったんだから、と思えるようにしてください。ライバルなんていません。自分の決めたことを実行するだけです。取り組み続ける。ヒロキくんが今、やっていることは大人になったときに財産になります。そのように考えて精一杯やってください。

今回は忙しいでしょうから、本も送りません。いいですか、大丈夫だから、自分のやった成果を信じましょう。みたっちゃんが応援してますよ。ヒロキくんにとって、志望校に合格することが目標でしょうが、勉強するということは、これからずっと続くのです。どういう方法が自分にとっていいのか、やりたくないときはどうすればよいのか、など大人になるまでだけではなく、一生、続きます。**勉強に限らず、決めたことに取り組む、投げ出さない練習をしてください。頭がいいとか悪いとかではなく、自分が決めたことに一生懸命に取り組む、その結果として合格する、というのが理想の流れです。**それがヒロキくんの自信になります。その自信が次の行動に駆り立て、また達成することで、大きな自信になっていくのです。

自信というのは何かをやり遂げていく中で持つのであり、困難なことにぶつかったときに自分を励まして支えてくれます。自分に自信のない人が多いですが、それは自分に続けられる力があることを信じていない人かもしれません。うまくいかないときでもやり遂げるまであきらめなければいいだけなのに、自分で勝手にできないと決めつけているのです。ほんの少しやってみて成果が出なければ、すぐに自分はダメな人間だ、できないと投げ出します。ちゃんと心を決めてやればできるのですが、こんなことを繰り返している間に、何にもできない自分、と思い込む大人になるのです。

ほかのせいにしたり、できない言いわけを探したり、自分の内にある力に気づきません。自分を変えるのは自分であり、それは楽をしてできるものではないのです。しかし、毎日、辛い、苦しいと感じながらも、やるぞ、と自分を励ましてやれば続きます。誰かがそばにいて、いつも「ガンバレ！」と声を掛けてくれるならいいですが、現実は自分一人です。自分が自分を応援して、目標に向かって頑張らなければなりません。その日によっては思い通りにいかないときもあるでしょう。それが普通です。そうであっても、まず、今日一日頑張ろうと奮起するということを自力でしなければなりません。勉強するということは、そのための練習、トレーニングです。目標を設定して、自分を励まして取り組む。この繰り返しが、「できるんだ！」という自信につながります。

何かをやるときは自分を疑ってはいけません。ヒロキくんは大丈夫ですね。一カ月、二カ月のことではなく、もっと長い期間、一生にわたって続くことですが、若いうちに習慣にしてしまえば、大人になってからの人生が大きく変わります。知らないことを知る喜びを知りながら、真面目に取り組みましょう。

あと、柔軟は続けてください。目の本はみたっちゃんも楽しめました。勉強に疲れたら、やってみてください。では、頑張って！

3月20日　サヤカより

40「私は、どんな人間に見えますか？」

『夜のピクニック』という本を最近読み終わって、今は源氏物語を漫画にした『あさきゆめみし』が最後の七巻目です。これが終わったら、『徒然草』『竹取物語』を読もうかと思っています。受験のためにも。

話は変わりますが、母の知り合いの人がこちらに遊びに来て、弟のことを「かわいいですねえ。でもあの自信はどこから来るんですかねえ」って言っていたそうです。それを聞いて、的を射たことを言うなあと思いました。みたっちゃんが「糸が切れた凧」と形容したときも、そう思いました。そのときは笑いが止まりませんでしたよ。ところで、みたっちゃん、私はどんな人間に見えますか？

3月25日　ヒロキより

41「無事、第一志望に合格しました。」

無事、第一志望の高校に合格しました。本当にありがとうございます。でも、部活で一緒だった友達が落ちてしまいました。僕より勉強ができるのに。その友達もお母さんも泣いていました。僕もつらかったです。これなら、僕が落ちたほうが楽だったと思いました。その友達は、後で別の高校に無事受かったので、やっと一緒に遊べます。ヤッター！

今日、僕は高校の入学説明会に行きました。そこで、たくさんの本当にたくさんの課題を出されました。ビックリです。行く高校を間違えたのではないかなと、また思いました。受験も終わったので、また体を鍛えようと思っています。インナーマッスルも鍛えたほうがいいですか？　鍛え方も教えてください。それと、拳を鍛えるのには、拳立てがいいですか？

4月3日　みたっちゃんより

42「あなたは勤勉な人ですよ。」

『夜のピクニック』、みたっちゃんも読みました。読後感が爽やかでした。『源氏物語』は、日本人としては必須の教養ですね。いろいろな人の訳がありますが、その違いを知るのもいいでしょう。『徒然草』『竹取物語』も得るところの多いものです。受験以外にも日本人として、女性として読んでみてください。若いときに触れ、年を取ってから、また読み直すと感じ方が違うかもしれませんね。

「ヒロキくんの自信はどこから来るのか?」という問いは興味深いですね。ヒロキくんは、今の時代に少ない〝天然少年〟です。のびのびと育っています。細かいことを気にしない性格ですから、不安感も少なく、失敗しても気にしない、強い性格なのでしょう。あのような性格の人は得です。人間の脳というのは、よい方へ考えられるポジティブ・シンキングの人の場合、より有効に働くものです。それにヒロキくんは集中力があるのです。その分、「やーめた!」というのも早いですが(笑)。これで持続力がつけば、本人も信じられない成果を出しはじめます。それは楽天的であり、自分

もし、意志がぐらついたときは、目的意識が弱くなっているということであり、初心に戻って、自分がなぜその目標を決めたのかを再度確認するべきです。「決めた以上は何としてでも実現するんだ」と意識を変えなければなりません。大半の人は目標に対して、意識を変えることなく、流されてしまうので、コンスタントにやる気が続くことはなく、やがてやるべきことを投げてしまうのです。サヤカさん、もし意志が弱くなったら、「今日は今ひとつの日か、それじゃ、こうしよう」と工夫してください。気分がノらない状況でも投げ出さずに、時間を短く区切ったり、好きな教科に絞ったりと、工夫することが大切だと思います。

4月3日　みたっちゃんより

43「苦しむほど、力がつきます。」

ヒロキくん、おめでとう！　みたっちゃんは絶対に大丈夫と思っていました。これで、やればできるというのがわかりましたね。

そうですか、友達が落ちてしまったのですか。ヒロキくんより、勉強ができる子が落ちたのはなぜでしょうか。それがわかれば友達は今よりもっと頑張れる人になるかもしれません。ヒロキくんもつらかったですね。自分が落ちたほうが楽だったというのは、ヒロキくんらしいと思います。別の高校に合格した後の「ヤッター!」に、ヒロキくんの喜びが出ていますよ。よかったですね。

初日からびっくりしたのですか。「世の中、甘くない!」というところでしょうか(笑)。「たくさん」が二回、重なるところにヒロキくんの驚きが出ています。行く高校を間違えたということはないでしょう。それは、今後のヒロキくんの頑張り次第です。楽なことばかりだと人間は弱くなります。みたっちゃんのいる所は、そんな人ばかりです。頑張ろうとか、努力している人は、滅多にいません。悲しくなります。

これからのヒロキくんには「いやだなあ、大変だなあ」と感じることが山ほど出てくるはずです。そんなときは、「よーし、やってやろうじゃないか!」と楽しめるくらいの心を今から作るようにしてください。運がよくて合格したわけではありません。

自分の内にある能力に気がつきましたか。その能力が努力によって引き出されたのです。ヒロキくんは自分が考えている以上に、能力があります。合格は、まぐれででできることではありません。能力があるから合格したのです。

ヒロキくんの中にある能力を使わない、生かさないのは自分への裏切りですよ。ヒロキくんと違って、世の中には自分の内に眠っている能力を使いたくても使えないまま亡くなる人もたくさんいます。ヒロキくんは自分さえ頑張れば、能力を使うことができるのです。人は自分に甘くしようと思えば、いくらでもできますが、それはつまらない人生になります。苦しい、つらい、いやだなあ……こういうことに「よしっ、やるぞ」と向かっていくことが次のステップです。**苦しさに耐える、苦しむほど自分の力はつきます。すると、大人になってから、人生の可能性や選択肢も広がるのです。自分に楽をさせると心身共に弱くなります。**

もちろん、リラックスすること、休むことは大事ですが、毎日、やるべきこともやらず、言いわけばかりしていては、まともな、あるいは強い大人にはなれないのです。精神の弱い男は肉体も強くなれません。そんなわけで新学期から勉強もスポーツも全力でやってください。はじめは疲れますが、慣れること、自分のレベルを高いところに上げてしまうのです。

ほかの高校に入った友達とまた一緒に遊べるのはとてもいいことです。それに「一緒に勉強も」が加わるともっといいですよ(笑)。効果バッグンです。これでまた本が読めますね。『ヒートアイランド』のアキは次の作品で新しいことをやりますよ。楽しみにしていてください。『武士道シックスティーン』もおもしろいです。

インナーマッスルは鍛えたほうがよいのでしょうかというより、バリバリ鍛えなくてはならない筋肉です。すべてのスポーツの基本は腸腰筋になります。腹筋の奥にある、大きな筋肉です。速く走るために最も必要な筋肉です。腸腰筋は脚部を引き上げる働きをします。深部にあるため直接、筋肉の動きは確かめられませんが、トレーニングで確実に向上する筋肉です。

手軽にやれる方法の一つとして、仰向けになり、後頭部と肩の一部を床につけたまま、倒立するように背中・腰・脚を天井に向けます。両手はそれを支えるように腰に当て、肘を立てて体を固定してください。そして、両足を入れ替えるように交互に前後に振ります。できるだけ大きく速い動作をするのです。回数は三〇回くらいにします。空気を切り裂くようなイメージです。次に壁に向かって立ちます。両手を肩幅に開き、壁を押すように手をついてください。上体が前に倒れ込むようになればいいです。そのまま、片足ずつ胸につけるように引き上げます。腿上げの要領です。上げたらすぐに下ろしますが、膝から下に力は入れません。それを三〇回くらい繰り返します。なるべく速く高く引き上げてください。これらを毎日、朝と晩、何セットか続けることが大切です。

拳を鍛えるのは拳立てもいいですが、五本指を立てて腕立て伏せをします。はじめは一、二回しか、できないかもしれません。これを毎日やり、五〇回できるようになったら、小指を宙に上げてやります。目標は一年後に三本（親指・人差し指・中指）でやることです。指の力がつくと拳も強くなります。毎日やれば必ずできるようになります。はじめは指が痛いですが、すぐに慣れます。続けることです。

ほかにも砂・小石を使う方法もあります。箱（三〇センチメートル四方で深さ一〇センチメートル程度）に砂を入れて拳で殴り、痛みを感じなくなれば、小石に換えます。それを繰り返して、普通の石に換えていきます。「砂・小石・石」にするのは、拳に当たる抵抗を増やしていくためです。親指を外に出してしっかりと握り、真っすぐに下ろさなければ、石・小石になるにしたがって誤った部分に当たり、痛いままになります。打ち下ろす角度、拳、手首の固定（ロックとも言います）を覚えるために、こうして練習するわけです。最終的に一個の大きな石を殴れるようになるでしょう。殴るときの痛みは次第になれます。これも続けなければ強くなりません。ヒロキくんは、今は指立て伏せをがんばってください。

別便で少しだけお祝いを送ります。好きなように使ってください。ヒロキくん、みたっちゃんは高校生活もむちゃくちゃに楽しみました。勉強も普段から、しっかりやって、いざというときに慌てないようにしてください。今回のことで、よくわかったでしょう。ラストスパートをしなくてもいいようにしましょう。高校生活を通して、心の強い男になることを願っています。よく学び、よく遊べ。勉強だけができる、運動だけができるというのはよくありません。逃げずに、努力してください。

高校の三年間は大人になりつつあるヒロキくんの物事への考え方や取り組み方を決めてしまう期間になります。この期間に中途半端な取り組み方、努力しかしなかった人は、大人になってもそのまま生きることになるのです。何に対しても、すぐにあきらめ、できない理由を並べ、自分の夢や希望を実現しようという強い意志を持てない人生になります。

大人になってから自分を変えよう、強くしようとするには、今のヒロキくんの年齢の何倍もの努力とエネルギーが必要です。ヒロキくんの年代のときにいい加減な暮らし方をして自分を弱くした見本が、みたっちゃんの周りには山ほどいます。せっかく、この世に生まれてきたのに、自分を大事にしていないなと残念な人たちです。精神さえ強ければ、どこにいても目的を持ち、それに対して頑張れます。ヒロキくんは、そういう強い精神を身につけてください。

ヒロキくん、自信について書きますが、この自信は自分の存在に持つものではありません。「俺は凄いんだ」「俺はほかの人とは違うんだ」「俺は特別だ」などと、自分のやったことではなく、自分自身に持ってはいけないのです。自信を持つ対象は自分が何かに取り組み続けたという、自分の心と行動に持ってください。みたっちゃんは学生時代に、これを勘違いしたことがあります。賢さが足りませんでした。いいですか、自分が目標に向かって頑張れた心、精神のあり方に自信を持ってください。やらなければ、その心も能力もなくなってしまうのです。常に続けるということは難しいことですが、若いときから習慣にしている人もいますし、この続けるということが一つの大きな才能となります。

ヒロキくんは地域で一番の進学校に合格しましたが、ここで終わったわけではありません。むしろ、これから本物になるかどうかが試されるのです。困難に負けることなく、己の目標に向かって頑張る人になってください。特別なことは何ひとつありません。毎日がトレーニングです。すぐには身も心も強くなりませんが、続けてください。休むときがあっても、また戻って続ければいいのです。いやなことがあったら、またみたっちゃんに手紙をください。よき高校生活を！

4月4日　サヤカより

44「すぐに集中が切れてしまいます。」

最近、塾に行き始めました。家で勉強すると、すぐに集中力が切れるというか、身が入りません。数学は、教科書を解き直すのがいいのですか？　私は、公式が頭から抜け落ちてしまいます。

センター試験まで一〇カ月あるかないかくらいです。人生のうちたった一〇カ月だけだと思って、必死にやります。みたっちゃんに、いい報告がしたいです。どうしてもやる気が出ないときや、くじけそうになったら、みたっちゃんに手紙を書いていいですか？

体に気をつけください。

4月13日　ヒロキより

45 「指立て伏せ、今は七回です。」

お祝い、ありがとうございました。

高校生活はまだ慣れていないけど、楽しみです。ほかの高校に行った友達は元気です。春休みは二人で遊びました。楽しかったです。

今日、学校で体位測定がありました。身長が一六六・四センチでした。また、もうちょっとしたら体力測定があると思うので、Aがとれるようにがんばりたいです。

指を立てての腕立ては、今、七回がやっとです。指が痛いけど、がんばります。ダッシュも一〇本はやるようにしています。もう、バリバリ筋トレしてもよいでしょうか？　よいならメニューを送ってくださると助かります。あと、胸筋をつけたいのですが、何がいいでしょうか？

みたっちゃんは、バクテンとかバクチュウとかできたんですか？　僕は今、それがやりたいし、ラグビーもやりたくてまよっています。簡単にできるものじゃないと思うので体操部に入ってみたい気持ちがあります。いろいろ見学して決めたいと思います。

これからも勉強と部活、がんばっていきたいと思います。

五〇メートル走、六・五秒を目指します！

4月26日　みたっちゃんより

46「順調なのは、初歩のうちだけです。」

頑張っていますね！　塾ですか。どこでやろうと、自分自身がやりやすい、集中できると思うことが大事です。ところで、家で勉強するとすぐに集中力が切れる理由は何でしょうか？　もしかしたら、自分でマイナスの暗示をかけているのかもしれません。日によって違うのであれば、それはあくまで自分の心の持ち方ですね。うまく集中できないときはたいてい勉強している内容が理解できないときです。理解できないのであれば、さかのぼって問題を解いてみましょう。一〇カ月しか時間がないといっても、急がば回れです。

みたっちゃんがサヤカさんに求めるのは、取り組み続ける、あきらめずに続ける、という習慣を身につけて欲しいということです。自分がこうしたい、ああしたいのに、何のせいでもなく、自分が自分にあきらめさせている人生……。何と悲しく、淋しいことでしょう。大人になってから、この悪いクセを直すには、想像以上に膨大なエネルギーと意志の力を必要とします。サヤカさんは、大人になってから、どんな人生にしたいですか。夢や目標を持って、それに向かって取り組む人生がいいのではないでしょうか。勉強とは、そのためのトレーニングであり、今だけのことではありません。

昨年の手紙で、医学部を目指すと宣言してくれましたね。最後まで第一志望は変えずに頑張るとも。そのあとの手紙では、あきらめる気はないと書いてくれました。みたっちゃんは、後のことも考えずに、大丈夫と書いているのではなく、これまでのサヤカさんを見て、合格できると信じています。唯一、それを阻むものは、サヤカさんの勝手に作った「不安に囚われる心」だけなのです。

うまくいかないときは誰にでもありますが、そんなときは時間を二〇分、三〇分と短く区切って、その間だけは集中しましょう。いつも絶好調なんてありませんから。みたっちゃんだって、原稿を書くときにノらないときがあります。そんなときは「自分との約束を破るのか」と己を叱咤し、書き始めるのです。

自分の脳が働きやすいようにしてあげることです。サヤカさん、ときには思ったような成果が出ないこともあります。大体、**いつも順調に伸びるということは、初歩の間しかないのですよ。サヤカさん、人はうまくいっているときは放っておいても伸びていきます。しかし、不調のときにどうするかが、その人の成果と人生を決めるのです。**

合否にかかわらず、サヤカさんの人生は続きます。自分の心に訊いてみて、「自分は本当に一生懸命にやったんだ」と感じられるようならば、サヤカさんの将来につながるのです。みたっちゃんは、サヤカさんとヒロキくんがどんな大人になるか楽しみにしています。今、やっていることが、生涯にわたって役に立つとも信じていますから、努力してください。手紙、いつでもどうぞ。調子のいいときはいりませんよ。自分の仕事に励みましょう。

世の中にはどうにもならないこともありますが、サヤカさんの合格はどうにでもなります。自分のことを信じて、頑張りましょう！

4月26日　みたっちゃんより

47「サボるのは、自分への裏切りです。」

友達、元気になってよかったですね。ヒロキくんは本当に友人を大切にしますね。とてもよいことです。これからもそのような気持ちを大事にしてください。春休み、毎日遊んだとのこと。遊ぶことが仕事みたいなヒロキくんの生活が目に浮かびます。

身長は伸びましたか。今はまだ成長期にあると思いますが、なるべく好き嫌いせずに食べてください。体力測定、Aが取れることを願っています。指立て伏せ、やってますね。七回でもいいのです。六カ月後の一〇月には何回になっているでしょうか。壁のどこかに今の回数を書いて貼っておくと楽しみが増えます。

筋トレの件、まだ身長が伸びているなら待ちましょう。筋肉はいつでもつけられますが、身長は成長期しか伸ばせません。柔軟性を養いましょう。胸筋をつけたいならバーベル・ダンベルなどのウエイトやマシンがありますが、今はせいぜい腕立て伏せにしておいてください。身長の伸びが止まったらバリバリ鍛えるためのメニューも送りますし、器具も買って送りたいと思います。みたっちゃんは誰も教えてくれる人がいなくて、試行錯誤しましたが、ヒロキくんには無駄のないトレーニングをしてもらいたいので、いろいろ考えていることがあります。でも、まだです。

バクテン・バクチュウは以前は軽くできましたが、五〇歳を超えた今はどうでしょうか。方法に関しては、先日、お母さんへの手紙に書きました。バクテンなどは体操部に入らなくてもできますよ。意外と簡単です。

「これからも勉強と部活、がんばっていきたいと思います」。いい心掛けです。文武両道。ヒロキくんはまだ自分の能力の高さに気づいていないかもしれません。本当はもっと能力があるのですよ。今回だって、いきなり勉強して合格したでしょう。**大事なことは日頃からやっておくことです。やったり、やらなかったりして、サボるのは自分の能力を生かしていない、自分への裏切りだと思ってください。**

指立て伏せは、一日に何回かに分けてやってみてください。たとえば、朝、起きて一セット、学校から帰って来て一セット、寝る前に一セットなど、一日に三、四セットやればいいです。五〇回できるようになったら、小指を外して四本でやります。強くなる道につながっているので励んでください。トレーニングは、決めたらしっかりやりましょう。大丈夫だと思いますが。それでは、連休を楽しんでください。友達を大切にすることを、これからも忘れずにね。

5月23日　ヒロキより

48「指立て伏せ、今は一二回です。」

返事が遅くなってすみません。体力測定のことですが、多分、A判定です。五〇メートル走での目標の六・五秒ですが、走ってみたところ、六・六秒でした。ちょっと悔しかったです。

自分より速い友達がいたので、来年は抜かしたいです（一緒に走ったので、負けたときに、めちゃくちゃ悔しかった。友達は六・四秒）。

部活はラグビー部に入りました（体操はラグビーが休みの日に教えてもらえるかもしれないです）。ラグビーの練習で、ウエイトがあるのですが、ベンチプレスをやらないといけません。ちょっと今はひかえめにやっているのですが、どうしたらいいですか？

この前のウエイトの時間に一人で筋トレをしていました（先輩たちは、サボっている）。そしたら一人の先輩が、

「ヒロキ、そのまじめさがいつまで続くかな」

と笑いながら言っていたので、心の中で

「三年間、ずっとするっ」

と僕の闘志は、今、メラメラの状態です。すぐにその先輩を抜かします。タックルの練習では、その先輩がきたら本気で倒しますし、タックルにきたので思いっきり当たって、仰向けに倒しました。そういう練習が一番、楽しいです。

今、指立て伏せ、一二回です。だいぶ痛くなってきたので、今から回数が増えると思います。朝と夜に分けるのもやってみたいです（まだ普通の腕立て伏せが三〇回できるかわからないけど、どうすればいいですか？　このまま続けていいですか？）。

今は、あまり時間がないので、指立て伏せと目の運動とインナーマッスルを鍛える（仰向けになって足を振る）のは毎日やっています。筋トレは、腹筋にきている感じがすればOKですか？　どこを使っている感じがすればいいですか？（五〇メートルダッシュは部活の後に学校でします。帰ったあとは勉強があるので）

僕は高校の勉強は、みたっちゃんが期待しているほどできないと思います。でも、自分ができるところまでがんばります！　みたっちゃんの小説『夢の国』は、まだ読み始めたばかりですが、おもしろいです。できたら今月中に読み終わりたいと思います（たまにというか、けっこう読めない漢字があります。けど、おもしろいです）。これからもできるかぎり、がんばります！

体力測定の結果が出たら送ります。五〇メートル走、五秒台を目標に、これからも運動など、がんばりたいです。

追伸、筋トレのときの呼吸の仕方を教えてください。多分、明日もウエイトです。みたっちゃんからの手紙、楽しみです。運動は期待していてください。では、また手紙を待っています。

5月26日　サヤカより

49「私、落ちるでしょうか。」

医学部のAO入試まで一〇〇日を切りました。毎日、勉強していますが、先日、予備校生の不合格体験記を読み、何だか自分のことのような気がしてきたのです。もちろん、気の持ちようだとわかっていますが、私にもこんなことがあるのかなと少しだけ心配になりました。
やる気もありますし、くじけてもいませんが、感じたことがあれば教えてください。

5月29日　みたっちゃんより

50「毎日、試されています。」

メラメラレターの返事です。みたっちゃんも燃えました（笑）。五〇メートル走、六・六秒なら六・五秒なんてすぐです。まずは、その負けた人より速い六・三秒を達成してから五秒台を目指しましょう。悔しかったと書いていましたが、それでいいのです。悔しくないようでは力が出ません。

走るときは蹴り出した踵をすぐ引いてください。腕の振りは、まっすぐ。斜めにならないように、頭も首も振りません。あまり、顎を引くと遅くなります。その場で足踏みを一〇秒間でどれくらいできるかやりましょう。一〇秒でいいです。小刻みに床、地面をタ・タ・タ・タと足踏みします。これを習慣にしてください。できるだけ速くやってください。一〇秒、長くても一二秒まででいいです。そのとき、腕は下に下げたままで、背中は丸めません。顔は下を見ないでまっすぐです。上体は少し前傾します。

次は腕だけを速く振る練習です。一〇秒まで、これらは息を止めてやってください。一日おきでもいいから、一日三回から五回、できたら一〇回やりましょう。時間はからないはずなので、朝、起きたときとか、分けてやってもいいです。大事なことは速くやること！　瞬発力を養います。三カ月やれば六・四秒は大丈夫。続ければもっと速くなります。

ラグビーでベンチプレスをやっているのですか。まず、背筋を伸ばし、足を踏ん張らないようにします。足の力を使ってはいけません。肘は開かず、軽くわきにつくかどうかくらいにしてください。胸をバンと張ります（大切です）。胸を張るんですよ。

挙げるときに勢いをつけてはいけません。そして、息を吐きながら挙げます。挙げたら、一、二秒止めて、ゆっくり下ろしてください。このときは息を吸います。実は下ろすときにも筋力がつくのです。だから、ゆっくり下ろしてください。挙げるときは、真上に挙げましょう。

補助のいないときは、絶対に無理をしないこと！　六回から一〇回（多くても一五回）まで挙げられる重さが適当です。筋力をつけたいなら、六回ぎりぎりの重さでやりましょう。自分を誤魔化すようなやり方だけは、しないでください。苦しいことほど鍛えられます。その先輩を驚かすためにも自分のためにも続けてください。三年間ですよ。

普通の腕立て伏せは練習すれば、一〇〇回なんてすぐですよ。今、しばらくは三〇回を少しずつ増やしていきましょう。腕立て伏せをするときは、できるだけ顎と胸を下げてください。部屋なら顎の下にタオルを置いてつけます。これ、きついです。でも、これの三〇回はみんなのやり方の五〇、六〇回分になりますし、筋肉もつきます。腕立て伏せの正しい手の置き方は親指など、指先を互いに内側に向けるのです。手を上の方に置くか、下の方に置くかで、大胸筋のどこに効くか変わります。今は普通にやってください。

意識を胸に集中します。スピードは一秒一回、速めるなら一分間に八〇回くらいのペースでもいいです。逆にゆっくりと二秒に一回、顎を床にしっかりとつけるのも効きます。

正しいフォームを練習してみましょう。まず、壁ぎわに立って両手をつきます。そして、腕立て伏せのように腕を曲げたときに、背中の両方の肩胛骨が閉じるようにしてください。これが正しいフォームです。つまり、体を下ろしたときに両方の肩胛骨が寄るようにします。この正しいフォームの感覚を知ってください。

インナーマッスルのトレーニングは、両足を素早く入れ替えることです。腹筋に効くように感じるのは構いません。大きく速く動くようにしてください。筋トレのコツは、力を入れるときに吐く、抜くときに吸うことです。動きをよく確かめて、苦しいからといって楽なフォーム、やり方にならないようにしてください。「凄い！」となるには、人より苦しいトレーニングをすればいいだけなのです。そのためには、「自分は凄くなるぞ！」と強く思うことだと知ってください。「できたらいいなあ」ではなく、「やるんだ！」と考えることです。

どこまで強く（身も心も）なれるかは、自分の意志次第だと覚えておきましょう。ヒロキくん、いいです。だんだん、男っぽくなってきました。これからもしっかりした気持ちを持ってやってください。よし、やったと思ったら、ふーっと息を抜くのも忘れずに。ゴムは伸びっ放しだとすぐにダメになります。ときには緩めることも必要です。そのバランスはこれから自然と覚えるでしょう。**とにかく、練習はメラメラ燃えてください。いつも本番です。日頃からそのつもりで己をハードに鍛えれば、試合は楽勝です。いいですか、毎日が試されています。自分に負けないでやることです。五時半起きで大変だと思いますが、苦労はトレーニングだと思ってやりましょう。サボる人を真似しないように。その人たちは本番で泣くのですから。**

勉強もできるところまで、自分で限界を決めないで取り組んでください。やり抜くという根性が大事です。自分とした約束は守り抜くのが男です。己にウソをつかないように。でも、本当に苦しいときは、ふっ、と息を抜いてもいいですよ。そして、また頑張る！　とにかく続ければいいのです。忙しいのですから、返事のことは気にしないでください。みたっちゃんは期待していますよ。

7月2日　みたっちゃんより

51 「未来へつながる生き方。」

不合格の体験記を読んで自分もなるのではと不安になったらしいですね。早速、送ってもらった体験記を読んでみたのですが、全くの杞憂だとわかりました。不合格になった人たちが自分なりに分析した理由を列挙してみましょう。

①携帯電話、とくにメールのやり取りを抑えられず、勉強が手につかなかった
②○○を終えたらやろう……などと逃げ道を作って、勉強を始められなかった
③何とかなるだろうと自分の心を誤魔化していた、真剣さが足りなかった
④医学部が難しいという認識がなかった
⑤バイト生活に明け暮れ、生活のリズムが崩れた
⑥面接で何の理由もないのに、自分が崩れてしまった
⑦授業中に居眠り、内職（メールも）、友達と私語をしたりで集中しなかった
⑧自分はできるという傲りがあった
⑨どうしても、その大学に入りたい気持ちがなかった、忘れていた
⑩塾ばかり重視して、学校の授業を軽視した

⑪単に勉強しなかった、理由としては携帯電話に触れていた
⑫休日も自由気ままに過ごしてしまった
⑬メールとテレビ、マンガばかりになった
⑭勉強しないことへの言いわけばかりで、自分に負けていた
⑮勉強しないことを、家族やほかのせいにした
⑯計画もなく、何となくやっていた
⑰予備校仲間と遊び過ぎた

ほかにも細かいことは二、三ありますが、大体、こんなところです。さあ、サヤカさん、あてはまることは、ありましたか？ みたっちゃんの判定ではなかったです。このようなことをしていれば、不合格になるのは当然ではないでしょうか。

この中には不合格になる前に、いや、受験する前にダメだとわかっていた人もいると思います。多くの人が、「うすうす感じていたが意志が弱かった」と述べていました。わかっていてもできなかった、意志が弱かったというのは、サヤカさんも感じたでしょうが、自分への言いわけです。

はじめから、あるいは生まれながらにして、強固な意志を持つ人はいません。みんな、自分で苦しんだり、悩んだり、己を叱ったりして強い意志を作るのです。少なくとも、みたっちゃんは生まれつき意志が強かったのではないために、何とかやり抜こうと苦労してきました。ああ、サボりそうだ、休みそうだ、自分は意志が弱いのかなと疑うことも、しょっちゅうで、そのことで自己嫌悪に陥ることもたくさんありました。そうしながら何とか目標を達成すると、何とかやれたぞ、次もやれるだろうなという淡い自信みたい（まだ、確たる自信ではなく）なものが湧くのです。この繰り返しでした（今もそうです）。

みたっちゃんにあるのは、うまくいかなくても「何とかやり続けられるだろう」という自分への期待と思いであり、「やることをやれば後は心配しても仕方がない」という気持ちです。不安のほとんどは自分で作るものだと知っていますね。適度な不安は「やらなきゃ」という気持ちにさせてくれますが、そのことばかりに囚われて何にも手につかないというのでは、自分が自分の足を引っ張っているということになります。そんなことをしていませんか？　やることをやる、これしかありません。

医学部に合格することは、産科医サヤカになる入り口であり、全てではないのです。

長い人生を考えれば、医師の国家試験に通ることが二五歳であろうと二八歳であろうと、大きな違いはありません。産科医になることをあきらめなければ、機会は逃げないのです。ちょっと変わった女の子が、産科医になる日は必ず来るんだと信じてください。

自分で夢なり、希望を持って、それを実現しようと頑張ることは大変ですが、半面、楽しく充実したものです。苦労が多いほど喜びも大きく、自信もつきます。「こんなことで大丈夫だろうか」ではなく、「もうこれ以上はできない」というくらいやってみてください。その姿勢が次へと、未来へとつながるのです。

勉強は机に向かっているときだけではなく、ベッドに入ったとき、朝、起きたとき、入浴時など、ちょっとしたときに自分に問題を出してみたり、記憶を確かめたりしてください。ちょっとのことですが、積み重なると大きいものです。休憩するときは体を動かすなどして、気分転換も忘れずに。脳の効率を考えて、適度に食事を摂ってください。振り返ってみて、「ああ、よくやったなあ!」と言えるくらいやってみましょう。いつでも応援していますから頑張って!

10月4日　ヒロキより

52「友達のために、ウソをつきました。」

運動会では、学年リレーで一人抜かして一位でバトンを渡して、そのまま一位でゴールしたのでうれしかったです。徒競走でも、一位でした。

この前、学校であったことなのですが、国語の時間に問題を解いて、教卓の所に並んでいたとき、問題のプリントを友達がふざけて投げたので、やり返したりして、仲がよい四人で遊んでいたら、先生になぜか自分だけ怒られ、なぜプリントがグチャグチャなのか聞かれて一人でやりましたと言いました（友達をかばいました）。

そしたら、かばった友達がいきなり笑いだして、僕をからかったので、ブチキレて「何で俺だけか、意味がわからない」と言って、プリントを投げたあと、けってしまいました。そしたら、先生に呼び出されて、「一人でやったんじゃないだろ？」と言われたけど、ずっと「一人でやりました」とウソを言っていました。先生が教室に行って、「ヒロキが怒られているのに、関わった一人も出てこないのはどういうことだ？」と言ったところ、三人が出てきそうになったので、顔で出てくるなサインを出したのですが、気づかれずに三人が出てきてしまいました。そしたら先生に「おまえは信用しない。一人でやったと言ったのに、なんでこの人たちが出てくるのか？」と言われました。

その後、廊下に残されて、友達に「ヒロキ、ありがとう」と言われました。みたっちゃんは、こういうときどうしますか？　みたっちゃんの『夢の国』とか読んだし、ウソをつくのはいけないことだから、しないようにしているのですが、友達をかばったことは、自分は間違いと思っていません。みたっちゃんの意見を聞かせてください。お父さんとお母さんにも相談したのですが、「それが普通だ」と言われました。

10月20日　みたっちゃんより

53 「誰かをかばうウソはOKです。」

いつもながらの手紙、楽しかったです。徒競走一位おめでとう！

さて、**ずばり友人をかばうためのウソはOKです。誰かを守る、かばう、相手を思**

いやるためのウソは「ウソも方便」といって、悪くありません。みたっちゃんも学生時代、かばったことがあります。そのときは、先生は笑っていましたが。このようなことは相手の先生の性格が出ます。おそらく先生は自分に対してウソをつかれたことが、少しバカにされたとでも感じたのかもしれません。でも、悪意のないことをわかっているので、その後ふつうに付き合ってれば、何ともありません。それで根に持つ人なら大人じゃないですね。ヒロキくんのよいところは友人思いのところです。ラグビーのとき、トライできたのはみんなのパスがよかったと言ったことを今でも覚えています。大好きですね、そういうところ。出てきた友人もいい友人ですよ。

ウソでいけないのは、自分の得のためにつくウソ、本当に自分を守るためだけの「ごまかし」です。これはダメです。人間が腐ります。今、みたっちゃんの周りは九九%そんなクズたちで、いやになります。ごまかす、だます、これはダメですね。

お母さんの言うことを聞いていますか？　お姉ちゃんにやさしくしていますか？　ちゃんとやってくださいね。あと、今の年頃のトレーニングは一生の財産になります。手抜きせずに根性つけてくださいね。それでは。

11月20日　サヤカより

54「根拠のない自信が湧いてきました。」

重大発表です。ＡＯ入試は残念ながらダメでした。努力が足りなかったのだと思います。医学部に入るにはもっと努力して、もっと苦しまないといけないのではないかと思います。なので、落ちましたが、これでよかったのだと思っています。

たとえ受かっていても、素直に喜べたかわかりません。私は自分に甘い人間です。無理矢理勉強できるような環境に追い込むことが必要です。これからは塾に積極的に行って、勉強するようにします。そういう行動をすること自体はあんまり苦になりません。

センター試験で高得点を取ることが今の目標です。もし、大学に入学できなくても、予備校での授業料とかが免除されるので……。できるだけ早く合格したいです。大学に受かれば一緒に住めると楽しみにしていた祖母が、落ちてがっかりしたと聞き、悪かったなと思いました。

今年は難しくても、来年予備校に通ったら受かるだろうと、めずらしく根拠のない自信があるのです。「環境さえ整っていればできる人間だ。自分は」と、どこかですごく思っているのですが、これは大丈夫ですかね？　自信はあるのですが、そんな自信を持っている自分が、今度は心配になってきました。

こちらも少し寒くなってきました。体に気をつけてください。

12月1日　みたっちゃんより

55「驚き、安心しています。」

たくさん書いてくれて、うれしいです。AO入試、残念でした。

しかし、「これでよかったのだと思っています」とのこと。これを書けることが、よかったですね。心が強くなったと感じました。**自分に甘いとありましたが、世の中の九九・九九%の人は自分に甘いのです。自分の弱い心と戦い、苦しみ、悩みながら頑張っている人のほうが多いのですよ。そうして、少しずつ少しずつ強くなっていきます。**

今回のサヤカさんの手紙からは、強くあろうとする心がひしひしと伝わってきます。

これまでよりずいぶん成長したので、驚き、安心もしています。何度も同じことを書いてきたので、それが伝わってうれしく思っています。それもこれも、サヤカさんがもともと持っていた力が目覚めただけです。自らが積極的になることは、サヤカさんにとって大切なことです。今の、その気持ちを忘れないでください。

みたっちゃんは、いつでも応援しています。

おわりに

みたっちゃんが僕に教えてくれたこと――ヒロキ

みたっちゃんは何度も何度も継続することの大切さを教えてくれました。もちろん、その全部ができているわけではないですが、身体を鍛えることは好きなので、なるべく自分の立てた誓いを破らないようにがんばっています。

また、みたっちゃんに身体を鍛えるメニューを教えてもらい、指立て伏せもがんばりました。みたっちゃんの言う通り、はじめできなくても続けると少しずつできるようになり、苦しいけど楽しくなりました。

自分に合った本『武士道シックスティーン』のシリーズやアクションものやトレーニングの本などがとてもおもしろくて役に立ちました。みたっちゃんが書いた本もフィクションは読みました。（読めなかったけど）勉強の本も送ってくれました。学校での悩みも打ち明けることができ、男の生き方も教えてくれました。男の生き方は、できてないけど目指したいと思っています。「嘘をつかない」ということもです。

自分は「勉強が好きでない」というより机の前にジッとしているのが耐えられないのですが、高校受験のときはがんばれました。中学校の担任からは受験希望の高校（住んでる地域の中では一番難しい公立高校）は自分の成績ではかなり厳しいと言われていました。塾に通うのもいやだったのが、中学三年の夏休みが終わった頃から「これはまずい」と思って塾に行き出しました。そのとき親は塾長に、「全く勉強しなくてこの成績なんですが」と伝えたら、「これを伸びしろがあると考えるか、こういう性格と考えるかですが」との答えが返ってきたというのがわが家の笑い話になっています。切羽詰まり、その頃から毎日がんばりました。不思議ですが、受験に落ちる気がしなかったのです。みたっちゃんは何度も「ヒロキくん勉強もがんばろう」と励まし続けてくれました。

振り返ってみるとみたっちゃんのおかげで高校受験をがんばれたし、高校の途中で部活の先輩のひどさに部活も学校ももうやめたいと思ったことも何度もあったけど、何とか乗り切れました。それは「みたっちゃんが教えてくれた継続することの大事さが本当のことなんだ」と自分自身で気づけたからだと思います。

みたっちゃんと出会って変わったこと——サヤカ

みたっちゃんと文通し始めた当時、私は自分自身に対して「自信」というものを持てないでいました。手紙に「自分はこうで、ああで、ダメだと思う」というような自分を否定するような内容を書いては、送っていた気がします。その返事で、いつも、私を肯定してくれ、励ましてくれ、さらにはアドバイスまでしてくれました。そうしているうちに、自分でも自分自身を肯定できるようになりましたし、さまざまな面でがんばることができるようになりました。私にとって、みたっちゃんとの出会いはとても大きかったと思います。

伝えたかったのは、人生が頭の良し悪しでは決まらないということです——美達

社会にいるときから感じていましたが、塀の中に入ると余計にそうだと確信したことがあります。人の才能とは、「頭の良し悪し」ではなく、「目標に向かって取り組み

続けられる力だ」という事実です。そして、もう一つは、「自分は頭が悪いから。バカだから」という人があまりに多いことと、それが絶対に誤った考え方だということです。

また、「勉強ができる＝頭がよい」「勉強ができない＝頭が悪い」ということでもありません。本来の知能は「並」でも、努力によって成績が抜群によい人もいますし、本来の知能は「優秀」でも気分にムラがあり、成績がよくない人もいるのです。

両者の差は「やるべきことに取り組み続けたかどうか」だけなのに、勉強せずに成績の悪い人のほとんどは、「自分は頭が悪い」と信じ込んで人生を終えてしまいます。

やればできるのにそれをやらず、「自分は頭が悪い、バカだ」と思い込み、「どうせ何をやってもダメだろう」となるのです。社会にも、塀の中にも「やればできるだろうな」と感じる人はいました。しかし、そういった人たちは何をやっても続かないのです。すぐに結果が出ないと「やっぱりダメだ」と、「やっぱり」をつけてあきらめてしまいます。子供の頃から何かに精一杯取り組んだこと、努力したことがないために、自分が持っているはずの能力を使わないままの人生を過ごしているのです。何と残念なことでしょうか。子供時代からの習慣や考え方は、よほどのことがない限り、大人になってからは変えられません。本当はもっと自分の力を生かせる人生があるのに、それをできずに生きている人がたくさんいます。自分がこうしたい、あれをやりたいと考えたことを、やりもしないであきらめてしまうことは、何ともさびしいことではないでしょうか。

計画を立てるまでは誰でもできます。結果を決めるのは「続ける」という行為にかかっています。どんな人でも続ければ結果は出ます。でも、ほとんどの人は途中で休みたくなる、あきらめる。私が思うに、これはトレーニング不足であり、いったんあきらめてしまうと、「続けられる、実現できる」という信念を持てなくなるのです。

私がサヤカさんとヒロキくんに身につけて欲しいと願ったことは、まずは「続ける」ということであり、それを重ねることで自分に「自信」を持ってもらいたいということでした。勉強についても、ただやみくもにやるのではなく、効果が上がる方法を自分なりに身につけて欲しくて、「こんな方法もあるよ」ということで、『やるぞノート』を作りました。手紙の中にも、同じようなことを何度も何度も盛り込みました。勉強法と精神面の鍛え方を二人に伝え、自分に取り入れられる部分は入れ、自分流のよい方法を組み合わせて、二人にとって正しい方法で努力することを覚えて欲しかったのです。もしその手法を確立してくれたら、一生使えると思ったのです。

私自身の人生を振り返ると、何につけ極端な父親から、「やるなら最後までやれ、最後までやれないならはじめからやるな」と言われて育ちました。本当に小さな頃から口よりも拳で教えられましたから、とにかく始めたら最後までやらねばならないと思い込んだまま大人になったのです。大人になるにつれ、「いやなとき、やりたくないときでも、自分と約束したからには、やり抜こう。ここでやめたら次もやめそうだ」「これまでのことを無駄にしたくない」などと自分を励ますことも覚えました。決して自分がもとから意志の強い人間だとは思っていません。だからこそ、「ここでやめたら自分はきっとこれからもやめる人間になる、それはいやだ」と、何とか続けるということを大事にしてきたのだと思います。

サヤカさんとヒロキくん、二人への手紙を書いている途中、あるいは、書き終えたとき、「大罪を犯した自分が、このようなものを書いていいのだろうか」という懐疑的な思いに囚われます。私みたいな立場の者がとも感じますが、勉強すること、取り組み続けることでは参考になることもあるのではと手紙を書いてきました。二人に手紙を書いているときの私は、「役に立てばいいな、よくなって欲しいな」と、大罪を犯した者らしくない穏やかな気持ちになれました。口だけにならないように自らもやるべきことは一切の手抜きをせずやるぞ、勇んだ心でやるぞという気持ちになれました。刑務所にいても、筋トレ、読書、本の執筆とやることが山ほどあります。自由時間は一日三時間半、夜九時には消灯ですから、とても足りないのが率直なところです。

勉強は形を変えて大人になっても続きます。もちろん、そんな努力とは無縁の大人もいますが、若い人たちが自分の夢や希望を持ち、それを追い求めるときに、勉強で培った習慣が大きな武器となります。勉強でやり続ける習慣を身につけておけば、根拠のある自信、頑張る自分を好きだと思える感情が生まれます。続けられることは大きな才能です。誰もが毎日、自分を励ますだけで、それを身につけられます。真剣に取り組み続けたとき、ダメな自分はどこかに消えてしまうことでしょう。

私は自分の愚かさにより、大きな犠牲を出したので、一生、塀の中にいることにしました。どこにいようと何か目標を決めて取り組む姿勢だけは社会にいるときと変わりません。それだけに若い人たちには社会で充実した生き方をして欲しいと思います。この本がみなさんにとって少しでも役に立つことを心から願っています。頑張ってください。私も、ここでの生活を最期まで全うする覚悟です。

本書オビにある「したい人、10000人。始める人、100人。続ける人、1人。」というフレーズは作家・中谷彰宏さんが作られたコピーです。このコピーは編集者がフェイスブック上で見つけ、私の考え方にピッタリだから、ぜひ本のサブタイトルにしたいと言ってきました。私も賛同し、編集者と私とで、中谷氏にお願いの手紙を書きました。中谷氏はすぐに「使ってかまわない」という返事をくださったのです。この場を借りまして、中谷氏に御礼申し上げます。

最後に、私を信じて、大切なサヤカさん、ヒロキくんとの文通をさせてくれました山村友美さん、それを寛大にも温かく見守ってくれました二人の父親であり、友美さんのパートナーである雅弘さんに心より感謝します。また、『やるぞノート』を評価いただきました先生とお母様方にも御礼申し上げます。

本当にありがとうございました。

美達大和

その後、サヤカは国立大学医学部の一般入試で不合格となった。
合格発表の前、「受かっても受からなくても私自身は楽しみ。
どちらかと言えば、予備校で鍛えられたい。
そのほうが自分の成長になる。
お金を払う以上のことを身につけたい」と手紙に綴った。
前向きに次の受験の準備を進めている。
ヒロキはラグビーで活躍。国立大学を目指して猛勉強中だ。
三人の交流は、今も続いている。

美達大和　みたつ・やまと

1959年生まれ。刑期10年以上で、犯罪傾向の進んだ受刑者を収容する「LB級刑務所」に服役中の無期懲役囚。罪状は2件の殺人。仮釈放を放棄している。『人を殺すとはどういうことか』（新潮社）や『ドキュメント長期刑務所』（河出書房新社）、『死刑絶対肯定論』（新潮新書）などのノンフィクションだけでなく、『塀の中の運動会』（バジリコ）、『牢獄の超人』（中央公論新社）などの小説、読書論『人生を変える読書 無期懲役囚の心を揺さぶった42冊』（廣済堂新書）を上梓。これまでに数万冊を読破。今でも月に100～200冊は読む〝本の虫〟。郵送による原稿のやりとりで書評をブログにて公開中。ブックレビューに加えて、「仕事について」「マッスルロード」「日本史の教養」などのカテゴリーも人気があり、読者のコメントや質問を楽しみに待っている。

『無期懲役囚、美達大和のブックレビュー』

http://blog.livedoor.jp/mitatsuyamato/

山村サヤカ、ヒロキ

姉・サヤカは目立つことが苦手な受験生。弟・ヒロキは自信たっぷりのラガーマン。そもそも美達大和と文通を始めたのは母・友美だった。次にサヤカが、その後ヒロキが手紙のやりとりを開始。友美の夫・雅弘は妻子を温かく見守る。山村家は全員仮名。

ISBN978-4-09-470001-5

小学館文庫プレジデントセレクト

好評発売中！

小泉政権の首席秘書官、現内閣参与が説く、
勝ち残るために必要な知恵・覚悟とは？

権力の秘密

耳あたりのいいことは一つとして書いていない！　小泉元首相の伝説の秘書として権力の本質を知り抜いた筆者が、現代社会の権力構造を解き明かし、ビジネスマンが明日から使える知恵を伝授する。

飯島　勲　著

定価：本体630円＋税
ISBN978-4-09-470002-2

―――本書のプロフィール―――

本書は、二〇一三年にプレジデント社より単行本として刊行された同名作品を改稿して文庫本化したものです。

小学館文庫プレジデントセレクト

女子高生《じょしこうせい》サヤカが学《まな》んだ「1万人《いちまんにん》に1人《ひとり》」の勉強法《べんきょうほう》

著者　美達大和《みたつやまと》&山村《やまむら》サヤカ、ヒロキ

二〇一六年七月十一日　初版第一刷発行

発行人　菅原朝也
発行所　株式会社 小学館
〒一〇一-八〇〇一
東京都千代田区一ツ橋二-三-一
電話　編集（プレジデント社）〇三-三二三七-三七三二
販売〇三-五二八一-三五五五
印刷所――――凸版印刷株式会社

ISBN978-4-09-470007-7